THE GREAT DEGENERATION

How Institutions Decay and Economies Die

西方的衰落

[英] 尼尔· 弗格森◎著
NIALL FERGUSON
米拉◎译

中信出版集团 | 北京

图书在版编目（CIP）数据

西方的衰落／（英）弗格森著；米拉译. —北京：中信出版社，2013.1（2024.5重印）
书名原文：The Great Degeneration
ISBN 978-7-5086-3781-5
I. 西… II.①弗… ②米… III. 政治制度史－研究－世界 IV. D59
中国版本图书馆CIP数据核字（2012）第308650号

西方的衰落

著　　者：[英] 尼尔·弗格森
译　　者：米　拉
出版发行：中信出版集团股份有限公司
（北京市朝阳区东三环北路27号嘉铭中心　邮编　100020）
承 印 者：北京通州皇家印刷厂

开　　本：787mm×1092mm　1/16　　印　　张：21.25　　字　　数：158千字
版　　次：2013年1月第1版　　印　　次：2024年5月第5次印刷
京权图字：01–2012–1963
书　　号：ISBN 978-7-5086-3781-5 / D · 249
定　　价：65.00元

服务热线：400–600–8099
投稿邮箱：author@citicpub.com

谨以此书献给托马斯

目录

THE GREAT DEGENERATION

前言

第一章

人类蜂巢

第二章
达尔文经济

第三章
法律全景

第四章
社会文明与野蛮

前言

THE GREAT DEGENERATION

超越“去杠杆化”

大约在 1/4 世纪之前的 1989 年夏，日裔美国政治哲学家弗朗西斯 · 福山（Francis Fukuyama）做出大胆预测，“经济和政治自由主义不折不扣的胜利……是西方社会的真正胜利”，并宣称“人类意识形态进化史的终点”就是“西方自由民主制度得到普及，也就是人类政府的最终形式”。[1] 时过境迁，如今的世界却俨然呈现出不同的局面。“经济自由主义”完全成为有色标签，而中国等地的支持者对西方民主制度公开表示不屑。西方社会发展停滞、举步不前，这种停滞还不仅仅局限于经济领域。据世界银行估计，2012 年欧洲经济将出现紧缩，美国仅能实现 2%的经济增长，可中国的增速则可高达美国的 4 倍之多，印度也将高出美国 3 倍以上。据国际货币基金组织估计，中国的GDP（国内生产总值）会在 2016 年赶超美国①。在 1989 年投资西方的人们遭到了严惩（他们自 2000 年起就一无所获），而在西方以外地区的投资回报则相当丰厚。这一“大分流”要比福山大胆预测共产主义的倒台还要令人瞠目。福山著书之际，世界经济的重心还稳稳地落在北大西洋地区。而如今，它已然超越了欧亚分界线乌拉尔山脉。到 2025 年，世界经济重心将位于哈萨克斯坦以北，这几乎与公元 1500 年时崛起之前的西方 [2] 处于同一纬度。

最近，关于西方社会经济放缓的原因，有种“去杠杆化”的说法颇为流行——这就是痛苦的减债过程（即所谓的资产负债表修复）。毋庸置疑，如今西方社会的债务规模几乎达到史无前例的地步。在美国历史上，公债私债的总和超过GDP 250%的情况是第二次出现。麦肯锡全球学会经过对 50 个国家的研究，确定自 1930 年以来有 45 例去杠杆化的重大案例，其中仅有 8 例的初始债务与GDP的比超过 250%。如今，这种情况却不是美国所独有，在（包括澳大利亚和加拿大在内的）所有主要英语国家，在（包括德国在内的）所有主要欧洲国家，甚至在日本和韩国 [3]，这种情况都赫然存在。去杠杆化的产生是由于认为房地产价格会不断攀升而盲目跟

① 在购买力平价的基础上，这已经根据中国的非贸易品和服务价格远远低于美国的情况作过调整。如果按照当前的美元计算，中国经济将在 2016 年达到美国经济的 60%，而在 1989 年，这一数字仅为 8%。

风，导致现在家庭和银行都迫切需要减轻债务。但是由于大家都希望减少开支，增加存款，导致总需求无以为继。为防止出现致命的债务紧缩，政府和中央银行纷纷拿出各自的财政货币刺激政策，这在和平时期史无前例。公共部门赤字确实对缓解经济收缩有所裨益，但是将过度的私人债务危机转化为过度的公共债务危机，这又是一着险棋。同理，中央银行在扩大其资产负债表的规模（货币基数）以防出现大规模银行倒闭，但现在通货再膨胀和经济增长方面却出现了收益递减。

除去杠杆化之外还有更多的问题。值得大家深思的是，美国经济自2009年6月起的3年以来创造了240万个就业岗位，同期，却有330万工人领取了伤残福利。处于工作年龄段的美国人领取伤残保险的比例在1990年还不足3%，现在却高达6%。[4] 真实的失业情况得以掩饰，并且被永久性地改头换面，这种手法想必欧洲人都分外熟悉。健全人被归为伤残人士并从此不再工作，而他们也就真的不再去工作了。以往，每年约有3%的美国人口会向其他州迁移，通常是去寻找工作机会。而自2007年的金融危机开始以来，这一数字降低了一半，而且还伴随着社会流动性的下降。与20世纪30年代的经济大萧条不同的是，过去30年造成了收入分配不平等日益加剧，如今的“轻度危机”对减小这种不平等几乎无所作为。收入最高的1%的家庭收入份额从1970年的9%增至2007年的24%，在之后的3年经济危机中，这一数字下跌了不足4个百分点。

不能将所有的问题都归咎于去杠杆化。在美国，就全球化、技术变革、教育和财政政策正在进行着广泛讨论。保守派人士倾向于强调全球化和技术变革的作用，认为这是变革不可动摇的驱动力，并通过“离岸外包”或自动化技术削减低技能劳动力岗位。自由派人士则将收入分配的不平等加剧归咎于对公共教育投资不足，并认为共和党推出的有利于富人阶层的降低税收措施对此也有贡献。[5]但是有充分理由可以认为，还有其他方面的因素在发挥着作用。在当今美国的政治论战中，大家只顾一味地在彼此间狭隘地相互指责，却忽视了这些真正重要的因素的存在。

这次的公共金融危机并非美国独有。日本、希腊、意大利、爱尔兰、葡萄牙这些国家的公共债务也都超过了GDP的100%。印度在2010年的循环性调整赤字甚至远远高于美国，日本也在面临着更严重的巨大挑战，力图将其债务与GDP的比控制在可持续的水平[6]。增长放缓和随之伴生的不平等加剧问题也并非仅限于美国。自1980年左右以来，英语国家中收入最高的1%家庭所占的收入份额出现了增长。在部分欧洲国家中，特别是芬兰、挪威、葡萄牙以及包括中国在内的很多新兴市场，尽管增幅较小，但也出现了同样的情况。[7]在2010年，中国已有至少80万名百万美元富翁以及65名亿万美元富翁。在全球范围内，2010年收入最高的1%人群中有160万名是中国人，约占总数的4%。[8]可是在其他国家中，即便是欧洲最为成功的经济体德国，收入不平等的程度也未能达到如此境地，而一些发展中国家，尤其是阿根廷，却变得越发不平等，全球化程度也出现了降低的势头。

显然，全球化对世界各国都产生了不同程度的影响，各国也出现了信息技术领域的革命，但是其在经济增长和分配方面所起的作用却千差万别。若想解释这些差异，仅仅用经济方法是决然不够的。以债务过度或杠杆化为例，负债累累的经济体所面临的选择寥寥无几，归结起来无外乎以下三类：

1. 通过技术革新，（也许还要辅以）审慎使用金融刺激手段，提高经济增长率，使之超过利率增长。

2. 拖欠大量公共债务，通过银行破产，以摆脱私人债务负担。

3. 通过货币贬值和通货膨胀减免债务。

但是主流的经济理论无法预测具体国家应就上述三种方式作何选择——是其中的某一种还是某几种组合？为什么德国在 1918 年后走上极度经济膨胀的道路？为什么 1929 年后，美国选择了拖欠私债和银行破产之路，而不是另有所选？在创作本书的过程中，若想让主要发达经济体再通过 20 世纪 20 年代和 50 年代时期那般的通货膨胀来减免负债，这种可能性似乎微乎其微。[9] 但是为何不大胆一试呢？美国经济学家米尔顿 · 弗里德曼有句名言——通货膨胀“在任何地方都总是一种货币现象”，这又留下一个悬而未决的问题：是谁生产出超额货币，是怎样的原因使然？实际上，通货膨胀主要是一种政治现象。这很可能是由一系列因素所导致，比如精英教育的内容、经济体中竞争的存在（或缺失）、法律系统的特点、暴力的程度、政治决策过程本身等。只有通过历史的方法，我们才可以究其原因：为什么在过去30年以来，这么多国家所生出的债务无法通过通货膨胀减免，为什么由此会导致子孙后代被强加上祖辈和父辈所欠下的债务？

同理可知，可以简单地认为金融危机是由过于庞大的杠杆作用下的金融机构所导致的，但要解释背后的成因却是难上加难，经过长达4年的争论，银行“大而不倒”的问题还是未能得到解决。的确，所通过的相关立法有着足足数千页文字之巨，但这却让事态发展越发恶化。[10] 如今，美国屈指可数的10家高度多元化的金融机构，负责着美国管理的全部金融资产的3/4。可是，按照新的《巴塞尔资本协议III》就监管银行资本充足性所作的规定，美国这些最大的银行至少还缺500亿美金，才能满足最新的资本要求。同样，只有通过政治和历史的方法，才能解释西方社会的政客们为何都在异口同声地要求银行增加贷款，以便自己能紧缩开支。

为什么现在向市场推出新药与60年前相比耗资达百倍以上？美国未来学家璜·安利奎斯（Juan Enriquez）将这一现象称为“摩尔定律①的逆向作用”。为什么美国食品药品监督管理局（Food and Drug Administration，FDA）很可能会禁止将食盐作为药用品销售（毕竟食盐

① 摩尔定律由英特尔创始人之一戈登·摩尔于1965年提出，据他预测，集成电路上可容纳的晶体管数目每两年会增长一倍。

超过一定剂量也会具有毒性）？[11] 再给出一个例子来说明问题：为什么有位美国记者想在纽约市开一家柠檬汁摊位，需要花费65天的时间才能办齐相关手续（这其中还要包括为获取食品保护证长达5周的漫长等候）？[12] 这类繁文缛节让人身心俱疲，其实在发展经济学家眼中，这是导致非洲或拉丁美洲国家贫困的根源。美国食品药品监督管理局所设置的各种严苛标准，本意是禁止沙利度胺这类药品流入市场，但是所产生的无法预期的后果则是，虽然病患得益于这种严苛的标准免受了沙利度胺类药物副作用之苦，但若与宽松的药品上市标准相比较，这却几乎势必会使更多人死于病痛。我们反复计算着药物副作用的代价，却从未对禁止新药上市的成本进行估算。

为什么美国的社会流动性恰恰在过去30年间出现了下降？如果一个人出生时处于收入分配底层的25%，那么他进入上层25%的可能性是否也会减半？[13] 美国曾经一度有着“机遇之地”的美誉，通过一代人的努力，可以实现“从贫困到富裕”的飞跃。但是现在如果父辈处于收入底层的25%，若再没有大学学历，你能进入收入顶层25%的机会只有5%。再来看被美国社会学家查尔斯·莫雷称为“智能精英”的人群，他们接受贵族私立大学的教育，彼此间通婚，聚集在几个“贵族居住区”，日益形成一个新的社会阶层，他们有财富和权力，可以无视人类繁衍的均值回归效应，子孙即使不济也可继承他们的生活方式，衣食无忧。[14]

静止状态

在亚当·斯密的《国富论》中，有两段文字鲜被引用，其中他提及了一种“静止状态”，即一度富庶的国家止步不前，停止了发展。这样的国家有着怎样的特点呢？亚当·斯密特别指出了其中反映出社会退步的特点。首先，大多数人的工资都极其微薄：

> 一国尽管非常富有，如若长久陷于停滞状态，我们就不能希望在那里找到薪金极高的工作。……不是在社会达到绝顶富裕的时候，而是在社会处于进步状态并日益富裕的时候，贫穷劳动者，即大多数人民，似乎最幸福、最安乐。在社会静止状态下，境遇是艰难的；在退步状态下，境遇是困苦的。进步状态是社会各阶级快乐旺盛的状态。静止状态是呆滞的状态，而退步状态则是悲惨的状态。[15]

处于静止状态的国家的第二大特点，就是其腐败和垄断的精英阶层将法律和行政体制用来谋一己私利：

> 在富者或大资本家很大程度上享有安全，而贫者或小资本家不但不能安全，而且随时都可能被下层官吏借口执行法律而强加掠夺的国家，国内所经营的各种行业，都不能按照各种行业的性质和范围所能容纳的程度，投下足够多的资本。在各种行业上，压迫贫者，必然使

富者的垄断成为制度。富者垄断行业，就能获有极大利润。[16]

西方读者对于这两段内容，恐怕很难轻易认同，但我却不以为然。

在亚当·斯密时代，中国正处于长期的“停滞静止状态”：这个一度曾经繁荣富强的国度就这么停下了发展的脚步。对此，斯密认为包括层级制在内的中国“法律和制度”问题难辞其咎。鼓励自由贸易和小型工商业，精简层级制，减少裙带资本主义，这是他为当时的中国开出的良方，因为他目睹了18世纪晚期英国及其美洲的殖民地为刺激经济所做的上述种种举措。而时至今日，如果斯密能够旧地重游，则会发现情况恰恰相反，经济史的发展真好似风水轮流转：中国的发展速度超过了世界上其他主要经济体，而出现经济僵化、止步不前的正是西方国家。

本书就是要探讨静止状态的成因。亚当·斯密认为停滞和发展很大程度上都是受到“法律和制度”的影响，我也由此得到启发。本书的核心理念就是斯密的理论既然可以适用于当时的中国，那么也适用于当今的大部分西方世界。正是我们出现问题的法律和制度难辞其咎。西方经济大萧条不过是影响更为深远的西方社会大衰落的表象而已。

四个黑匣子

为了更好地说明西方制度的衰退，我将打开几个密封的长条黑匣子。

第一个匣子上标明了“民主”的字样，第二个写着“资本主义”，第三个是“法治”，第四个则是“公民社会”。这就是构建我们的文明所需的四大关键要素。我想说明的是，在这些代表政治、经济、法律、社会的黑匣子内部，有着高度复杂且互相关联的制度在发挥着作用。这些仿佛是电脑或手机中的电路板一样，正是这些制度确保了设备的正常运转。一旦出现故障，则很可能是系统内部的线路存在问题。但仅仅凭借光鲜的外表是无法判断其中问题所在的，正确的做法是认真检查内部构造。

也许，仔细想来，用电路板作类比并不妥当，经不起推敲，毕竟大多制度都有历史渊源，是逐步发展而来的，而不是出自史蒂夫·乔布斯这样的时代弄潮儿之手，不是在加利福尼亚设计而成。因此，用自然界中我们见到的集体结构做类比也许更为贴切。蜂巢就是一个经典范例。自从荷兰讽刺作家伯纳德·曼德维尔所著的《蜜蜂的寓言：私人的恶德，公众的利益》（*The Fable of the Bees: or, Private Vices, Public Benefits*）于1714年出版问世以来，人们就开始在蜂巢中的蜜蜂和市场经济中的人类之间画了等号。虽然这种类比很形象，但是正如下文所述，事实上，我们的政治组织远比经济组织更像蜜蜂社会（这一点曼德维尔应该深有体会）。简言之，制度与人类的关系正如蜂巢之于蜜蜂。正是因为存在这样的制度，我们才能置身其中，作为集体而存在。我们了解自己身处于这样的制度之中，正如蜜蜂知道自己生活于这样的蜂巢之中。制度有着自身的边界乃至壁垒，更重要的是，它还有着既定的规则。

可以想见对部分读者而言，制度（institution）[①] 一词可能让你第一反应是想到了维多利亚时期的精神病院：可怜的尼尔，他现在是精神病人了。其实，这并非我本意，我所要探讨的是英国议会或美国国会这类政治制度。而涉及“民主”这样的话题，则是在谈及一系列不同的联动制度。民主是人们在投票箱投票，是人们选出代表发表演说，是在大礼堂进行选举，但仅凭借这些还无法让民主从天而降。从表面上看来，俄罗斯、委内瑞拉这类国家的立法者是选举产生的，但我认为不用说那些当地的反对党领袖，即便是在最为中立的观察家眼中，这与民主都相去甚远。

向投票箱投放折好的或是盖章后的选票这一举动是民主制度的重要组成部分，与此同等重要的是，通常参选党派要指定候选人，要有官员负责选举活动，诸如公务员、法官或调查专员等，这些人的职责是确保选举的公正性。接下来非常重要的是要确保立法机关的正常运作。所选出的代表可以构成完全的主权实体，英国议会就曾是这种情形，直至欧洲法律对它产生影响为止。或者，最终的权力也可凝结在一枚至高无上的图章上，以前的最高苏维埃就属于这种情况。其成员可以坚决拥护选民的利益（包括投反对票的选民），或者服从资助竞选活动的既得利益集团。

当 2011 年 8 月利比亚卡扎菲政府垮台时，一名BBC（英国广播公司）的记者在利比亚班加西的一面墙上看到一些涂鸦非常抢眼。墙的左侧是直

① 英文institution一词既有制度系统之意，又指照顾贫困、残废或精神失常的人的地方。——译者注

截了当的革命口号“打倒暴君独裁”。简明扼要，一语中的。而在墙的右侧，有着这样的几行言简意赅的字样：“我们要制宪，削减总统特权，总统任期四年，届满不得延长。”[17] 这还真是颇有见地，政治转型期的难点在于宪法里错综复杂的细节，当然还有制约立宪会议的各种规章制度。

至于立法、行政、司法三者之间的关系如何，大多数的宪法都对此进行了详细说明。平民政府机构与军方又该是怎样的关系，这是埃及面临的又一棘手问题。问题远不只此，现代国家制定了一整套制度，用以规范经济、社会生活及收入再分配，这在百余年之前简直是匪夷所思。而福利国家并不在民主制度的范畴之内，这与当初古雅典人的理念颇有出入。以蜜蜂社会为例，福利国家就像是在创造着越来越多的雄蜂，而这些不能自给自足的雄蜂只能依靠工蜂来养活自己；它还雇了大量蜜蜂，专门负责在工蜂和雄蜂之间搬运资源。此外，还寅吃卯粮，以公共债务的形式，用子孙后代的钱支撑着自己的财政。在第一章中，我会就此以及民主制度的其他分配问题进行讨论。特别值得一提的是，我还将就英国政治家埃德蒙·伯克所称的存在于代与代之间的合伙关系进行提问，大家是否已在这一方面看到了严重的问题。

现如今，几乎人人都在讲民主。“资本主义”一词相反在文雅的场合中常被作为贬义之用。民主国家中的制度与市场经济的制度之间存在怎样千丝万缕的联系呢？企业是否可以通过政治说客和政治赞助在政坛呼风唤雨？政府是否可以通过补助、关税等市场扭曲政策，或通过政府监管，为经济生活推波助澜？经济自由与政府监管之间怎样才能相得益彰？在第二章中，我会就此问题进行详细阐述。我想提出的问题是：极度复杂的监管措施多大程度上竟会成为它本意想要治愈的顽疾，在政治和经济的进程中起到扭曲和腐化的作用？

在政治和经济领域中，关键的制度在于法治。毋庸置疑，在民主社会或资本主义社会中，若是没有有效的司法体系，社会各环节都会问题重重，因为只有在有效的司法体系中，当立法机构制定的法律法规得以执行时，个体公民的权益方可得到保障；当公民之间或企业法人之间发生纠纷时，亦可获得和平理性解决。但是哪种法系更为优越，是普通法系，还是另有答案呢？

在某种程度上，比较不同法典的关键在于所谓“制法”，即法律本身是依据怎样的规则制定而成。一方面，以伊斯兰教法为例，相关规则亘古不变，也容不得丝毫改变。而另一方面，若以英国的普通法为例，随着法官对以往先例的竞争性权利主张和社会变化的需求加以权衡，这类法律法规是处于不断的发展变化之中。在第三章中，我会提出这样的问题：在某种程度上一种法律体系（特别是普通法系），是否会较其他法律体系存在一定优势？并会问及在英语世界国家中，在此方面所占的优势可以达到怎样的程度。特别要提出警告的是，法治在面临着衰退的危险，至少在部分“盎格鲁势力范围”的国家之中，它正在日益沦为律师之制。若与狄更斯笔下《荒凉山庄》中所描述的维多利亚时代的人们相比，我们当真优越许多吗？

最后，要说说公民社会。其实可以将之理解为是由志愿性社团构建的社会：其中机构的设立并非出于公民的一己私利。这就可以将学校也包括在内（虽然在现代社会大多教育机构被纳入公共部门范畴之中），各式俱乐部组织也要包括在内，这其中可以囊括各种人类活动，从航空学到动物学，天上地下无所不包。这里，需要我们再次考虑规章制度重要性的问题，虽然相关规定可能显得有些微不足道，比如，会有这样一些规定需要服从——大多数伦敦俱乐部要求会员在晚餐时穿外衣打领带，即使傍晚时分天气闷热难耐也不能例外。

曾经有一度，大多英国人、美国人都参加了数目众多的各类俱乐部以及志愿性社团组织，英语世界的这一特点让著名的法国政治学家亚历西斯·德·托克维尔极受触动。但是，在第四章中，我会就此发问：为什么这种情况没有得以继续？当我们一度习以为常的活跃民间社团偃旗息鼓时，我们距离自由社会的繁荣梦想还会有多远？新兴的互联网社交网络可以完全替代这类传统社团生活的作用吗？我对此持否定态度。

制度为何衰败

如果在政治领域中，我们的确仿佛蜜蜂一般，在层级分明的蜂巢里扮演各自的既定角色，那么在经济环境下，我们可以享有更多的行动自由。

我们所置身其中的各类制度就像是位于非洲坦桑尼亚北部和肯尼亚南部漫无边际的塞伦盖蒂平原上的野生动物世界。我们有些是角马，成群结队地一边行进一边觅食。还有些（数量上要少许多）是掠食动物。估计还有部分食腐动物和寄生动物。所有这些构成一个生态系统，达尔文的理论在其中不断地发挥着作用，自然选择，优胜劣汰。同理可知，在公民社会中，我们成群结队，相伴而行，这与猩猩、狒狒的所作所为几乎无二。与人类一度乐此不疲加入的各类俱乐部组织颇为相似，在狒狒群中也有着自己的规则和相应的层级体系。

当然，除了众所周知的丛林法则，非洲野生动物无须遵守什么法律法规。而人类的情况则大不相同。我们也许要遵从达尔文进化论，为生存而奋斗，但同时也希望规则的出现：约束统治者的规则、约束那些以食草动物为食的掠食动物和寄生动物的规则等。所谓法治，在非人类的世界中，的确很难找到合适的类比与之对应。我能想到的最为近似的类比，就是身边这些人造建筑和基础设施，它们改天换地，让我们安居其中，也受限于其中。法律法规限定了我们的活动半径，其作用与围墙藩篱无二。向左走，是峭壁；向右走，则是深渊。有些法律体系类似于莫斯科这样的统一规划型城市，大道笔直宽阔，住宅方方正正，小区规规矩矩。有些则有如伦敦这般，街道分布毫无规律可循，各式建筑千姿百态，这是千百年来各类公私业主自建、再建的自然产物。

研究人类社会能让人乐在其中，就在于生活可以海纳百川，可将所有这些元素都尽数包括在内，所以我成了一名历史学家，而不是动物学家。我们都同时生活在无以计数的制度之中，身兼多重身份，可以是公民、居民、国家的纳税人、股东、管理者或雇员、诉讼人、辩护人、法官、陪审员、俱乐部成员、政府官员、受托人等，不一而足。存在于经济学中的"经济人"概念不过是我们诸多身份之一罢了。

问题的关键在于，当把各部分制度累加，其作用并非整齐划一。各种组合效果优劣不等。在有些制度组合当中，人们可以实现自由发展，无论是以个人、家庭还是社区的形式均是如此。这是因为制度有效地激励人们弃恶扬善，例如投身工作，提高办事效率，或与邻里和睦共处，而非与之为敌。相反，有些制度架构则反其道而行之，鼓励人们杀人越货、偷鸡摸狗、游手好闲、无恶不作。不良制度会致使人们陷入恶性循环，盲目无知、疾病缠身、家徒四壁，更多则是导致剑拔弩张、暴力相向。不幸的是，历史告诉我们，次优制度架构的数量往往多于优良制度架构。实现真正理想的制度组合实属不易。与此相反，那些不良制度却比比皆是。这就解释了多数国家历史上大多在饱受无知、疾病、血腥暴力之苦的原因。

一些当代社会科学著作将制度清晰地划分为"开放式"和"封闭式"两大类别，[18] 对此我非常钦佩。但作为历史学家，我还是心存顾虑：这种划分是否有将问题过于简单化之嫌？现代历史中的一个难题就是何谓成功社会，以 18 世纪的英国为例，当初令人称道的制度放到今天则很可能会令很多人不齿。回顾历史，即便是在维多利亚时代看来，汉诺威时期的英国政府腐败依旧触目惊心。甚至到了19世纪50年代，查尔斯·狄更斯还在对英国法治口诛笔伐，毫不姑息。此外，以历史的方法看问题，会暴露出以往常被忽视的一点。有着不良制度的社会逐渐获得改善，这固然可喜。如今，世界各地都不乏这样的范例，比如亚洲的大部分地区、南美的部分地区乃至非洲都是如此。但与此同时还有令人不齿的情况在发生，有着良好制度的社会江河日下，日渐衰退。究竟因何至此？究竟是谁在与法治为敌？在大西洋两岸，我们制度的显著恶化令人瞠目，究竟该由谁来为此负责？

为回答这些问题，我查阅了大量的学术文献资料。有很多学者对我都产生了巨大的影响，让我不胜感激，他们具体包括：诺贝尔经济学奖获得者道格拉斯·诺斯，他在制度经济学方面很有见地；当代非洲杰出的经济学家保罗·科里尔，他著有《最底层的十亿人》（*The Bottom Billion*）及《被掠夺的星球》（*Plundered Planet*）；秘鲁经济学家赫尔南多·德·索托，他是《资本的秘密》（*Mystery of Capital*）一书的作者；著名经济学家安德鲁·施莱弗及其众多的合著者，他们率先在法律体系的比较研究中引入了经济学的方法；还有经济学家詹姆斯·罗宾逊和达龙·埃斯莫格卢，他们在最新著作《国家为何衰落》（*Why Nations Fail*）中提出了类似的问题，让我备感兴趣。所有这些学者以及在本书"注释"部分提到的众多学者，都让我受益匪浅。

他们首先意识到大家把更多的关注都给予了穷国何以一直贫穷的问

题，而不是富国何以沦为穷困的问题，因为后者毕竟并不是普遍现象。而我的着眼点并不在于经济发展，而是制度的衰退。就此我提出了一个宏观性的问题：当代的西方世界究竟怎么了？要想找到这个问题的答案，我坚信只有在了解制度衰退的真实本质的基础上，我们才不至于荒废时日，才能对症下药，不至于治标不治本。同时，我还心怀忐忑，因为有种似非而是的说法，经济层面的静止状态可能会继而危及到政治的活力。

第一章

THE GREAT DEGENERATION 人类蜂巢

决定现代历史产物的是制度。

历史大分流的成因

“自然的力量是伟大的，而且极富功效，但是制度或成长环境的功效要比自然伟大得多，并可以对出现问题的或不良自然条件进行修正、改变以及提高，使之成为良性”，[1]英国人文学者理查·塔弗诺（Richard Taverner）在《智慧的花园》（*Garden of Wysdom*）一书中如是写道。塔弗诺的文字很好地总结了一个被人们很快普遍认同的观点：广义而言，决定现代历史产物的是制度，而并非气候、地理等自然力量，更不会是疾病爆发等因素。

为什么自公元1500年之后，欧亚大陆西部的那些陷入常年争战的小国及其在新世界殖民地的发展要远胜过其他文明呢？从16世纪到20世纪70年代后期，全球的生活水准出现了极大的分流，西方人的富裕程度远超过“其他人”。近300年前，中国的人均财富占有量与北美相比可能还略胜一筹，可到了 1978 年，美国人却比中国人平均富了 22 倍之多（见图 1.1）。[2] 历史的大分流不仅出现在经济层面，由此引发的寿命和健康的差异同样不容忽视。以距今不久的 1960 年为例，中国人均寿命不过 40 岁出头，而同期的美国已然达到 70 岁。[3] 西方人在科学领域占据主导地位，在流行文化领域也同样当仁不让。在历史上曾陆续出现过十余个有形帝国，在鼎盛时期所占疆域占世界版图陆地面积和世界总人口近 3/5 的水平，其经济产量也占全球的 3/4 以上。令人震惊的是，在这些帝国纷纷退出历史舞台之后，西方人仍在继续统治着世界。将苏联称作"东方"的自负理念

公元 1500 年以来，美国/中国与英国/印度的人均 GDP 比

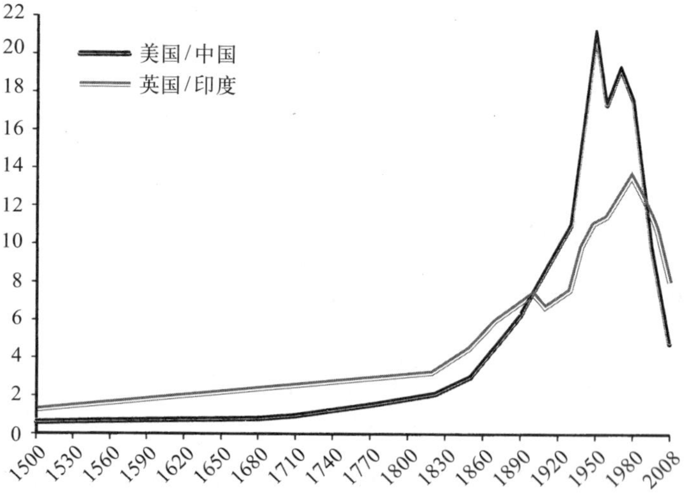

图 1.1

资料来源：安格斯·麦迪森著《世界人口、GDP 和人均 GDP 千年数据统计》

网页链接：http://www.ggdc.net/MADDISON/Historical_Statistics/vertical-file_02-2010.xls

是在“冷战”期间提出的，实际上，这是统治亚洲大片土地的最后一个欧洲“帝国”。

西方人至多只占世界人口的1/5，却在全球的物质和政治领域占据优势地位。这种全球性的不平衡局面是如何形成的呢？19世纪和20世纪的人种理论学家一般会认定这是因为欧洲人种的先天优势使然，但是这种观点似乎很难令人信服。公元500年时的人类基因库与如今相比也的确没什么太大变化，而从那以后欧亚大陆的西端经历了近千年的经济相对停滞。同样，欧洲的气候、地形、自然资源在公元16世纪和6世纪期间也相差无几，自然条件方面的原因可以排除。在整个欧洲的“黑暗时代”和中世纪时期，欧洲文明与同期的伟大东方帝国相比，并没有明显优势。恕我冒昧，尽管思想家贾雷德·戴蒙德认为，地理及农业因素可以解释欧亚大陆较世界其他地方更具优势，但是这无法解释在公元1500年之后，欧亚大陆西端的发展为何大大好过东端。[4]

帝国主义也不可能是大分流理想的答案，因为在欧洲人远渡重洋征服世界之前，很多其他文明同样也曾一度如此。引用“大分流”观点的美国历史学家肯尼思·彭慕兰认为，这纯属幸运使然。幸运的欧洲人误打误撞碰到了加勒比的所谓“鬼田”（ghost acres），这里很快便为大西洋城市居民提供了大量富含卡路里的蔗糖，而这些只能是大多数亚洲人的奢望而已。更加幸运的是，欧洲人还迅速获取了大量煤炭储量。[5]这种观点无法解释为什么中国人没有像欧洲人那样孜孜以求，去寻找海外殖民地“鬼田”；为什么他们无法解决采煤技术难题，而英国人却所向披靡。

我认为只有关注制度的作用，才能找到解释大分流成因的最佳答案。例如，著名学者道格拉斯 · 诺斯、约翰 · 沃利斯和巴里 · 温加斯特曾提出人类组织模式的两个阶段/模式。[6] 第一个阶段称为自然状态或“有限权限模式”（limited access pattern），具体特点如下：

- 经济增长缓慢。
- 非国有组织数量较少。
- 政府规模小，施行中央集权，并且未得到被统治者的同意。
- 社会人际关系由个人和王朝关系构成。

第二阶段是“开放权限模式”（open access pattern），其特点如下：

- 经济增速更快。
- 富裕而活跃的公民社会，各类组织机构层出不穷。
- 政府规模更大，并施行分权制。
- 社会人际关系受到法治等非个人力量的主导，人人享有财产所有权，享受社会公正、公平（至少理论上如此）。

这三位学者的研究表明，以英国为首的西欧国家，首先从“有限权限模式”转为“开放权限模式”。为实现这一目的，国家必须“制定相应制度，以便精英阶层有可能建立非个人的精英间关系”，然后“为精英阶层创建并保持新的动力，以便在精英阶层内部成功地完全开放权限”。这时，“精英阶层会将个人特权转换为非个人权利……所有精英均被赋予权利构建组织，这里的逻辑关系……已发生改变，从通过特权创租的自然状态逻辑，变为通过准入进行抽租的开放权限逻辑”。

从诺曼征服到光荣革命，英国从“脆弱的”自然国家逐渐发展成为“基础国家”，继而成为“成熟国家”，其特点就是“具备监管、规范、执行陆地财产权的广泛的各类制度，以支持精英阶层之间的非个人交换”。在过渡到开放权限系统之前，精英阶层内部实现法治是三个“门槛条件”之一，其他两个条件分别是精英阶层“在公共和私人领域出现永久性的组织形式”以及实现“政治对军队的集中控制”。在诺斯、沃利斯和温加斯特看来，美国和法国革命帮助实现了这种开放权限的决定性突破，革命有助于各类公司的广泛传播，同时也确立了经济和政治领域公开竞争的合法化。从英国土地法在 11 世纪后的变革开始，以 19 世纪的企业法人法律待遇的变化为高潮，各阶段讨论的焦点都是制度问题。

无独有偶，弗朗西斯·福山在《政治秩序诸起源》（*Origins of Political Order*）一书中确立了“现代政治秩序的三要素”，即“强大的国家、国家对于法治的尊崇和全体公民对政府的问责”。[7] 这三要素首次统一是在西欧，而英国再次首当其冲（福山对荷兰、丹麦和瑞典能紧随其后也表示赞赏和肯定）。为什么这些发生在欧洲而不是亚洲？因为，在福山看来，西方基督教世界的特殊发展倾向于削弱扩大的家庭/氏族的重要性。

达龙·埃斯莫格卢和詹姆斯·罗宾逊在其著作《国家为何衰落》一书中，做出了一个惊人之举，他们将埃及社会与17世纪后半叶的英国作了比较：

> 与埃及相比，英国之所以更为富裕，原因在于1688年的……英国……爆发的革命先是改变了英国的政治，继而是其经济。人民通过革命争取到更多的政治权利，而这些权利后来用于增加他们在经济方面的机会。结果就是英国的政治和经济发展轨迹发生了根本性的转变，而所有这一切在工业革命中达到高潮。[8]

由此看来，英国是世界上首先拥有“包容性”或“多元化”而非“攫取型”政治制度的国家。值得注意的是，例如西班牙等其他西欧国家，却并未步英国的后尘。因此，欧洲国家在南北美殖民地的发展结果迥然不同。英国在殖民地输出的是包容制度，而西班牙殖民者则是将自认为“精粹”的攫取型制度强加给阿兹特克人和印加人。

有关帝国的内容也体现出制度讨论和以往文化演绎的不同，这一观点由德国政治经济学家和社会学家马克斯·韦伯首先提出，后经哈佛大学经济史教授大卫·兰德斯完善，认为基督新教和“资本主义精神”存在着某种联系。与德国剧作家汉斯·约斯特在剧作《斯拉格特》（*Schlageter*）中的纳粹不同，听到有世界文化的迹象，我不会立刻拔出左轮手枪，如临大敌，但我会彬彬有礼地提出告诫。有关历史主题的内容很容易被简单归为一些概念和术语，诸如希腊哲学、希伯来戒律、罗马法、基督伦理、路德宗和加尔文宗的教义、所谓“犹太教和基督教文化”等。但是这里需要仔细权衡，进行考量。其实，没有哪个西方理念会像所谓迫害女巫或共产主义那般可怕，虽然犹太教及基督教文化和资本主义精神的产物似乎都有可取之处。总之，文化会潜移默化影响规则，而制度是在创造动力。英国人都源自同一文化体系，但会因其是远赴新英格兰还是加入位于孟加拉的东印度公司，导致行为举止千差万别。我们会发现前者是包容性制度在发挥作用，后者则是攫取型制度大行其道。

光辉的制度

对“大分流”问题进行讨论，不仅是出于对历史的兴趣，而且是要以史为鉴。了解西方过去的成功经验，可以为曾经、当下和未来一些亟待解决的问题提供启示。制度讨论之所以重要，其一就在于这似乎还可以解释其他大多数非西方国家直至20世纪后期都未能实现经济稳步增长的原因。埃斯莫格卢和罗宾逊通过疆界城市诺加莱斯结合地理和文化因素诠释了制度的力量，这座城市恰好被美国和墨西哥的国境线一分为二，国境线两边的生活水平差异之大令人瞠目。[9]“冷战”时期的两个著名实验也可得出相同的结果。简言之，就是选取朝鲜和日耳曼这两个民族，并将之分为两组。韩国和联邦德国实施资本主义制度，朝鲜和民主德国则选择社会主义制度。不过几十年工夫，两地所发生的变化令人震惊。埃斯莫格卢和罗宾逊的分析认为，中国是否的确实现了可持续发展的决定性突破，这尚存疑问。在他们看来，中国的市场改革还取决于攫取型专属精英阶层的决策，而且他们还要继续负责决定关键性资源的分配问题。

以牛津大学的保罗·科里尔为代表的发展经济学家，已经就这些问题思索良久。[10] 非洲国家博茨瓦纳的情况似乎正说明了这一点，只要人民不再像刚果民主共和国那般饱受腐败顽疾或内战之苦，即便是撒哈拉以南的非洲经济也能获得增长。与大多数后殖民非洲国家不同，博茨瓦纳获得独立时，建立起的是包容型而非攫取型社会制度。秘鲁经济学家赫尔南多·德·索托经过多年研究，也认为制度才是问题的关键。[11] 他和研究人员在秘鲁首都利马、海地首都太子港、埃及首都开罗、菲律宾首都马尼拉等地简陋城区的艰苦研究表明，尽管收入微薄，但穷人世界还是拥有着大量财产。问题在于穷人无法将这些财产通过法律确认是属于他们自己的。这几乎都是以“超越法律的身份”持有。这一情况并非因为穷人偷逃税款所致。依据德·索托的解释，黑色经济也有着自己类似税收的机制，诸如收取保护费之类，这使得人们对合法性地位心生向往，但是对房屋或作坊获取合法所有权几乎难过登天。

作为尝试，索托和团队在利马郊区想合法地开办一家小服装作坊，结果花费整整289天才得以实现，而当他们想为在国有土地上建造房屋获得法律授权时，结果耗时更久：全程需要6年11个月，还要和52个不同政府部门打交道方可过关。索托认为如此混乱的机构职能迫使穷人只得生活在法律之外。完全可以想象这种不受法律限制的经济量是巨大的。索托的《资本的秘密》一书中就有这样的惊人发现，发展中国家的穷人掌握着（但并非合法拥有）价值 9.3 万亿美元的房地产。可是合法所有权的缺失和财产法配套工作体系的不到位，使得这些大多都成为“呆滞资本”，它们“就像深藏在安第斯山脉中的高山湖泊，蕴含着大量潜能却不为人知”，无法将之有效利用来创造价值。只有财产权的配套工作体系到位，才能将房屋作为抵押品，在市场中形成相应价值，以便于房地产的买卖交易。

自索托的著作《资本的秘密》问世以来，突尼斯、埃及等国爆发的革命为书中的观点提供了强有力的证据。他认为“阿拉伯之春”的起因主要在于那些可能成为企业家的人怒不可遏，奋起反抗腐败政权，这些政权从事寻租活动坐享其成，以实现资本积累。下面这个例子就极其典型。2010 年 12 月，在突尼斯南部城镇西迪布吉德，26 岁的青年莱德 · 莫哈默德 · 布阿兹兹在政府办公楼前自焚身亡。[12] 就在他死前一小时，一名警察跟随两名市政官员没收了他的两箱梨、一箱香蕉、三箱苹果和价值 179 美元的二手电子秤。这杆秤就是他的全部家当。他对自家的房子没有合法所有权，否则可以以此作为生意的抵押。他全靠给官员“好处费”才能在公共用地上占用约 1.7 平方米摆个水果摊，做点儿小生意维生。他们的强制执法、暴力收费，使得莫哈默德 · 布阿兹兹赔了生意，也搭上了性命。这位年轻人的自焚引发了革命，但是这场革命是否真能战果辉煌，我们还需拭目以待，因为这要取决于突尼斯、埃及这样的国家能否进行宪法改革，是否真的能从攫取型的社会制度转向包容型制度，是否真的能从寻租精英阶层的专制权力统治转向人人平等的法治社会。

如果索托的观点正确无误，那么就可以在很大程度上证实 16 世纪后西方社会在制度方面，特别是法治方面的成就的确值得称许。17 世纪英国人为争取更多议会权力而发起战争，其核心就是为保护个人利益，使其不再受王权专断的横征暴敛。当然，在专家学者看来，所有这些观点有着老套的“历史的辉格解释”之嫌，是赫伯特 · 巴特菲尔德一度极力反对的。我所援引的作者中，没有谁会采取天真的决定论观点来看待历史进程。与其说是技术的必然，不如说这些都是真正意义上的进化叙事，其中偶然性发挥着重要的作用。英国并非上天注定要作为（《自 1066 谈开去》一书所称的）“顶级国家”而存在。是 17 世纪的一系列意外事件改变了历史的必然结果，这其中包括 1692 年、1694 年、1696 年、1704 年、1708 年、1722 年的那些失败的叛乱，1715 年的全面内战，以及 1745 年的苏格兰/爱尔兰詹姆斯党起义等。[13]

真正的问题在于 1688 年所产生的制度裂变发挥着怎样关键性的作用。大多数历史学家恐怕会认为其不过尔尔，在他们看来，1688 年的光荣革命是历史的退步，代表着“保守势力”的利益， 在贵族势力和及其庇护的圈子之外，几乎没有产生多大影响。[14] 我觉得这实在有失偏颇。英国 1689 年的《权利法案》即《国民权利与自由宣言》规定（除了其他方面的内容）：

• 凡未经国会准许，借口国王特权，为国王而征收，或供国王使用而征收金钱，超出国会准许之时限或方式者，皆为非法。

• 国会议员之选举应是自由的。

• 国会内之演说自由、辩论或议事之自由，不应在国会以外之任何法院或任何地方，受到弹劾或讯问。

• 为申雪一切诉冤，并为修正、加强与维护法律起见，国会应时常集会。

还要请各位专家恕我冒昧，尽管（反天主教的）宗教偏见在当时很大程度上影响了宪法原则，但我认为这些应被视为历史的转折点。

诚然，有观点认为1689年通过的《权利法案》所确立的“国民权利与自由”并无甚新意，不过是向从前看齐。但是光荣革命所带来的结果却令人耳目一新，1689年后议会更是积极通过各种立法促进经济发展，保护羽翼尚不丰满的纺织业，鼓励将公地圈为私有，大力发展收费公路与运河建设。而且辉格党人为了夺取全球商业优势，甚至通过战争大发其财。[15]这样，当时历史的发展顺序一目了然：光荣革命首开先河，农业改良紧随其后，接下来是帝国扩张，最后工业革命应运而生。

若采用比较研究的方法来看制度讨论则更具说服力。上述所有制度变革均未能出现在中国的明清两朝，当时中国的君主和位高权重的大臣的权利，不会受到半自治公司实体或是代表大会之类的机构的任何限制。亚洲确有商人，但是却不存在公司的概念，更没有议会的身影。[16]正如杜克大学的蒂穆尔 · 库兰教授最近的观点所言，奥斯曼帝国逐渐形成的制度在阻碍资本形成和经济发展上的作用截然不同，这是因为对于合伙经营、继承、债务、法人人格等问题，伊斯兰法与西欧国家法律体系的观点迥异。存在于伊斯兰世界的是瓦格费，这是个人建立起来的非法人信托组织，但并非银行机构。[17]

不光彩的革命

由此可见，如果制度演变是了解西方崛起以及非洲等地持久贫困的关键，那么同样，这一关键能否会帮我们了解有生之年会出现的最令人瞠目的趋势：大分流终结，并开启东西方角色互换的时代？我对此持肯定态度。我们需要做的就是将经济史制度学派的观点运用于当代，其实就是运用于我们的西方社会之中。

亚当 · 斯密的《国富论》写于 18 世纪 70 年代，在他看来，当时中国的法律和制度显然就是国家处于经济停滞“静止状态”的深刻根源。同理可知，如今西方世界所面临的经济、社会、政治困境，是否反映出我们一度在世界称雄的制度开始出现某种程度的衰退了呢？与过去的 500 年相比，毋庸置疑，西方社会正在经历着相对的衰落。早在 1978 年，美国人平均比中国人富裕 20 多倍，而如今不过只有 5 倍之多。在各种指数表现上，西方世界与世界其他地方的差距在大幅缩小。以平均寿命和教育程度为例，部分亚洲国家的水平已经超出很多西方国家。根据经济合作与发展组织（OECD）公布的学生能力国际评估项目（PISA）2009年研究报告，以青少年数学水平为例，中国上海领先美国的幅度堪比美国与突尼斯之间的差距。[18]

某种程度上，解释非西方国家的成功并非难事。中国还落后于以日本为首的几个东亚国家。这些国家的成功在于它们大部分（而并非全部照搬）借鉴了西方文明的所谓“撒手锏”，也就是经济竞争、科学革命、现代医学、消费社会和工作伦理。[19]如果企业家动机纯正，劳动力基本健康且能写会算，各层级管理机构合理高效，那么复制西方工业化和城市化模式的确可以取得成功。因此，在下文中，我不会过多探讨非西方国家所取得的成功，而是要侧重于我更感兴趣的西方世界究竟出了怎样的差错。

许多评论员都会把这个问题归咎于过多的债务、经营失误的银行和不平等加剧等因素，但是在我看来，这些不过是社会制度病态化的表象而已，制度的病态化正在蚕食过去500年以来西方社会制度演变所带来的成果，这甚至可称得上是“不光彩的革命”。

债务与英国

本章题为“人类蜂巢”，取自讽刺诗人伯纳德·曼德维尔的诗作《蜜蜂的寓言》。曼德维尔的中心思想是说有着正确制度的社会可以实现繁荣昌盛，就算其中有些个人的恶行当道，也并无大碍。使 18 世纪的英国实现称雄世界的富强的，并非《圣经》中讲到的美德，而是那些世俗的恶习。这些恶习具备经济学家所说的“正向网络外部性”，因为英国当时的社会制度有利于资产积累、投资和创新。

在 1688 年光荣革命之后，正如我们所见，王权不得以顺从于议会。在辉格党人掌控下的新政权领导下，不仅农业和商业均得以改良，英帝国也在迅速扩张，同时金融机构也得到了快速发展。奥兰治亲王威廉不仅从荷兰带回了新教，也将中央银行和股票市场的模板引入英国。同时许多协会、社团、组织都在积极鼓励科技创新。正如罗伯特 · 艾伦所述，英国所特有的低价煤炭和不菲的劳动力相结合，促进了提高生产力的技术革新，在纺织行业更是如此。[20]但所有这些都得益于制度所提供的架构，否则一切都只能是空中楼阁。曼德维尔的诗作全文如下：

宽敞的蜂巢有众多蜜蜂聚居，
他们的生活实在是奢华安逸；
这蜂国素以法律和军队驰名，
它繁育着庞大而勤劳的蜂群；
这蜜蜂之国的确可以被列入
科学与勤勉的一方伟大苗圃。

没有哪群蜂有过更好的政府，
或者更无瑕疵，或者更不知足；
他们既不是残暴君主的奴隶，
亦未蒙受狂热民主制的治理；
有一点却不会错，他们有国王，
然而法律却高于君主的权杖。①

一种特殊制度的出现彻底改变了英国的历史发展轨迹。道格拉斯·诺斯和巴里·斯特在一篇发表于1989年的研讨会论文中提出，光荣革命的最大成就在于它使英国成功转型为主权债务国。自1689年开始，议会就着手管理并完善税收制度、审计皇室开支、保护私有产权，并且行之有效地禁止了债务违约的发生。他们认为此番举措本身就是“自我实施”，特别是在议会中业主本身就占大量席位。以往英国由于屡屡拖欠债务、任意收税和无理征用，导致国家已经无法再向人民大规模借债，结果，这一制度的引入使得局面大为改观。[21]英国于17世纪晚期到18世纪早期这段时间，步入了一个崭新的时代，政府可以快速募得大量公债，而借贷成本却不升反降。

这实际上是一种良性发展，有着强大的财力为后盾，英国可以不断发

① 参见中国社会科学出版社2002年1月出版的《蜜蜂的寓言——私人的恶德，公众的利益》。——译者注

动战争并节节获胜，从曾经的英格兰变为大不列颠，继而一跃成为大英帝国。通过将财富投资于证券市场，英国又为一场金融革命铺平道路，将英国的储蓄用于修建运河、铁路，发展殖民地贸易、钢铁厂和纺织业。尽管英法两国战争连年不断，导致英国国债大幅增加，在1815年后的10年间更是一度曾高达GDP的260%，但是回报也异常丰厚，凭借英国的如意算盘，主要依靠债务的资助，海军得以迅速发展壮大，英国摇身一变成为全球帝国。此外，在滑铁卢战役后的一个世纪中，凭借经济稳步增长和基本预算盈余，英国债务大幅降低。没有债务违约费心，没有通货膨胀劳神，大不列颠此时已然傲然称雄世界。

代际间的合伙关系

在第一章余下的内容中，我想就现代的代议制政府及其问题进行讨论。首先要提出一个常规性假设，即代表被统治阶级的政府总要优于不代表他们的政府。正如印度裔的诺贝尔经济学奖得主阿马蒂亚·森（Amartya Sen）所述，这不仅是因为民主本身就具备优越性，而且还因为代议制政府与专权的政府比较，前者可以更好地对民众不断变化的喜好做出反应，因此与专权政府统治者不同，会少犯严重的错误。如今，有人对西方民主诟病颇多，越来越对西方民主心生绝望，甚至向往中国模式。就是这样的体制造就了中国的经济特区，也缔造了独生子女政策——前者是巨大的成功，而后者也许将是十足的灾难，为此付出的代价将不可估量。

一些批评意见也明确指出，西方民主政治制度存在种种不足。其中最明显的表象便是在过去几十年间积累下的庞大债务，并且（与以往不同）无法将这些债务主要归咎于战争。国际货币基金组织的数据表明，希腊的政府债务总额在2012年将达到GDP的153%，意大利的这一数字是123%，爱尔兰是113%，葡萄牙是112%，美国是107%，英国则将近88%。日本的情况比较特殊，作为首个采用西方制度的东方国家，它将以占GDP 236%的高额债务居于世界首位，这比它20年前的债务水平要高出3倍还多。①更令人震惊的是债务与政府收入比，毕竟利息和债券偿还必须从后者而来（见图1.2）。

现在人们讨论这些债务危机只是从债务本身出发，得出的结论也毫无建树，无外乎是采取“紧缩”还是“刺激”政策而已。在我看来，债务危机其实是更为严重的制度问题所导致的结果。

问题的核心是，公共债务使得当代选民的生活是建立在牺牲无投票权的年轻人和未出生之人的利益这一基础之上。在政府债务方面常引用的数据极具误导性，因为这其中仅仅将以债券形式存在的政府债务包括在内，这些债券数量的激增，毋庸置疑将会导致现在和未来的就业者为此支付更

① 注意我并未将家庭、金融及非金融企业所发生的大量私有债务考虑在内。如果将这部分债务和政府债务合并在一起，那么负担之巨将是史无前例的：日本政府债务总额是GDP的512%，英国是507%，法国是346%，意大利是314%，美国是279%，德国是278%。

多的资金，因为即便这些最大的主权债务国可以一直享受当前的低利率，应对这些债务的资金总量势必还会不断增加。但是以债券形式存在的政府债务并未包括更大数量的社会福利计划的无资金准备的债务状况，例如，医疗保险、医疗补助、社会保障这类美国最大的福利项目等。

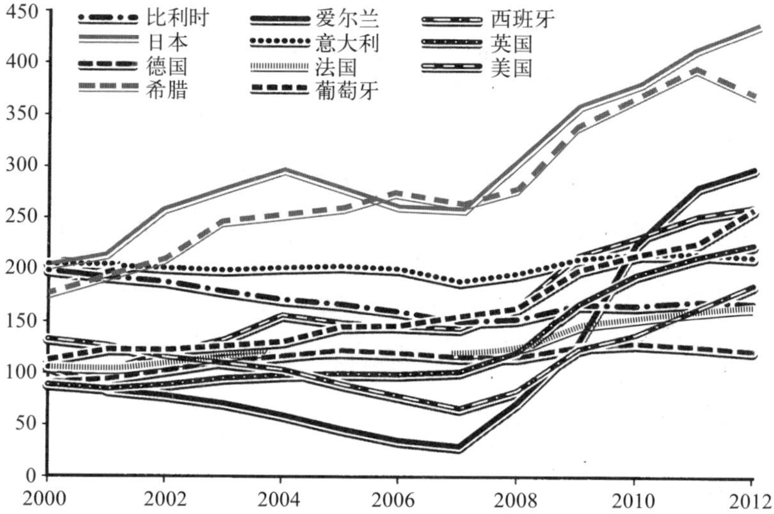

图 1.2

资料来源：国际货币基金组织 2012 年 4 月发布的世界经济展望数据库

网页链接：http://www.imf.org/external/pubs/ft/weo/2012/01/weodata/index.aspx

为了应对这些计划，有最新数据表明，美国联邦政府的负债与未来的联邦税收，在净现值上的最好可用估值要相差 200 万亿美元之巨，这一数字相当于美国财政部公布的债务的近 30 倍。值得注意的是这些数字并不全面，其中尚未将各州和地方政府的数据考虑在内，这部分资金没有着落的负债还有近 38 万亿美元。[22] 这些惊人数字，表明子孙后代要为当代退休和即将退休的人支付这一大笔资金，子孙后代需遵从当前的法律，在将来寻找资金来为此埋单，这只能通过承受更高的赋税或大幅缩减各类公共开支来加以平衡和补偿。

为更好地诠释美国这一问题的严重性，经济学家劳伦斯 · 科特李科夫算了一笔账，为弥合联邦政府的财政缺口，需要将所有联邦税收立即提高 64%，或者将所有联邦开支马上削减 40%。[23] 早在十几年前，科特李科夫曾为英国制定了这样的“代际账户”，据他估算（他关于当时的政府需要提高福利和医疗开支所作的假设，后来被事实证明准确无误），为补上财政缺口，需要将所得税收入提高 31%，并将国民保险收入增加 46%，方能过关。[24]

埃德蒙 · 伯克在 1790 年出版的《对法国大革命的反思》（*Reflections on the Revolution in France*）一书中写道，真正的社会契约并非如让-雅克 · 卢梭所述存在于君主和人民或“公众意愿”之间，而是存在于代与代之间的“合伙关系”。他的原文如下：

> 但是国家和法律所要为之奉献的首要的和最重要的原则之一，便是提防它的那些临时所有者和终身租用者不去考虑什么是他们从自己先人那里所得到的东西，或什么应该是留给后代的东西，而只是像十足的主人一样行事；他们不会认为随心所欲地摧毁他们社会整个的原

来的结构，从而割断永业、损害遗产是他们的权利。但他们冒险留下给他们后代的乃是一片废墟，而不是一幢住宅——并且教导他们的后代不尊重他们的设计，就像他们不尊重前人的制度一样……社会确实是一项契约……国家是……一种合伙关系，不仅仅是活着的人之间的合伙关系，而且也是活着的人、已经死了的人和将会出世的人们之间的一种合伙关系[①]。

在隔代间存在大量的契约转移关系，但我们却发现，现今各国的财政政策却是在破坏这种和谐的合伙关系，这令人震惊，甚至也许是史无前例。

成熟的民主制所面临的最大挑战就在于如何恢复这种代与代之间社会契约的和谐关系，但我也深深意识到此举任重而道远。还有一个同样严峻的问题，就是年轻人根本不去考虑自己长远的经济利益。一些恐怕最终甚至会危及他们自身利益的政策，却可以轻松赢得他们的选票支持，保持公务员养老金固定收益不变就是一例。如果美国年轻人能在这方面辨明是非，那估计就都会成为保罗·瑞恩的积极支持者了。[②]第二大问题是政客们想要缩减开支，但是如今西方民主制在收入再分配方面发挥着举足轻重的作用，一旦有削减开支的提议提出，就会受到来自享受公共部门薪资

① 参见商务印书馆1998年出版的《法国革命论》。——译者注

② 在2012年3月马里政变之后的几个月中，在马里巴马科地区的一名美国人类学家得出一个让我十分震惊的观点："这里的年轻人在形成这样一种概念，即政治阶层正在断送他们的前程。"同样，在美国政治社会上，这种新兴的概念也在日益发挥重要的作用。

的人群和享受政府福利的群体中的一方甚至是双方有组织的大力阻挠。

是否能从宪法方面找到这一问题的解决方案呢？有个简单的解决之道，而且这也已被美国的很多州以及德国所采纳，即平衡预算修正案，以便降低立法者在减少赤字开支方面的自由裁量权，与此相仿的就是让中央银行独立决策，以降低立法者在货币政策上的裁量余地。但问题也接踵而至，金融危机的出现极大地鼓励了以政府赤字为工具，以便在经济衰退时刺激经济发展，更别提将赤字财政用于公共投资基础建设的诸多案例了。2011 年，紧随德国之后，欧洲各国的领导纷纷在寻求解决之道，决心限制结构性赤字，以期在必要时为操控周期性赤字留下空间和可能。但限制赤字的“财政协定”随即带来了新的问题，目前仅有两个欧元区国家的结构性赤字低于GDP的 0.5% 这一授权上限，其他大部分国家的结构性赤字则至少高出了 4 倍，而且以往，经验表明，政府若是过于着力降低其结构性赤字，结果则会危及其统治。

当前大多选民支持这种隔代的不平等政策，这也许在所难免，特别是年长的选民会比年轻选民更多地参与到投票中来。但是，如果为婴儿潮时期出生的人大笔增加开支，其最终结果不仅对年轻人不公，而且会使所有人经济受损，这该如何应对呢？如果未来的不可确定性已然开始波及当下社会，这又该如何是好呢？美国马里兰大学卡门 · 莱因哈特和美国哈佛大学肯尼斯 · 罗格夫曾提出，当发达国家的巨额债务已然超过GDP的90%时，很难想象其经济增长不会受到影响。[25] 也许正是因为担心财政悬崖正日益快速临近，才使得美国经济在2012年尚未出现“超速逃逸”。

账务存疑

若要走出这种病态制度的泥沼，似乎只有两条出路。其一看似理想，但实现的可能性不大，即大刀阔斧进行改革，通过强大的领导力，号召年轻人（加上其父辈以及祖辈的同心协力）支持更为负责任的财政政策。我在前文已作过解释，此举势必困难重重。但是我坚信，会有办法实现如此强大的领导力，这就在于要改变政府现行的财务体系。

政府现行的财务体系，坦白说有一定的欺骗性——不会定期公布准确的政府资产负债表，巨额负债不为人知，即便是当前的收入支出明细也让人真假难辨。若是如此行事，合法企业肯定难以为继。曾将如此混淆视听的财务报表公之于世的最后一家企业，就是恶名昭著的安然公司。

其二，应该有能力制定公共部门的资产负债表，以便将政府的负债情况与其资产状况进行比较。这也会有助于澄清财政投资赤字与当前消费赤字。政府应当效仿企业，采用公认会计原则。最重要的是，要定期制定代际账户，以明确现行政策对各代人的影响。

如果我们没有如此作为，如果我们没有着手对政府财务进行整体改革，那么恐怕后果将不堪设想，很可能会出现另一种局面。西方民主社会将沿袭其当下不负责任的态势继续前行，直至步希腊等地中海经济体的后尘，一个个陷入无法自拔的境地，先是公信力缺失，继而借贷成本攀升，最终政府在不堪之际，不得已削减支出，提高税负。这种情况下，最终会导致债务违约和通货膨胀当道，我们都会陷于阿根廷的境地。

当然，还有着第三条可能的出路，即我们在日本和美国所见到的局面，也许英国也是如此。债务还在不断攀升，但是出于通货紧缩的担忧，中央银行购买债券，到其他国家寻找投资避险的渠道，这使得美、日等国的政府借贷成本处于空前低位。但这种局面的问题在于，这会导致数十年间近乎零的经济增长速度，也就是亚当·斯密提出的经济停滞静止状态的又一版本，不过，这次是西方社会停滞不前。

随着我们的经济窘境日益恶化，选民也在努力寻找替罪羊。我们谴责政客，认为他们没有妥善管理公共财政。但我们觉得银行家和金融市场也难辞其咎，仿佛是因为其不顾后果的放贷，才有了我们不自量力的借款。我们寄希望于加大监管力度，但不希望自己会因此受累。这就引出了第二章的主题。我将从政治领域转向经济领域，从民主制度的人类“蜂巢”转向市场的达尔文丛林法则，我想试问：在这其中，我们是否也目睹了西方世界的制度出现衰落迹象？

在本章中，我试图说明的是，巨额的公共债务是违背隔代社会契约的一个表象。在下一章中，我想提出一点，即政府对市场过度复杂的监管是否实际就是它本意想要治愈的顽疾。正如我们所见，法治有着诸多敌人，但这其中最为危险的敌人，莫过于那些冗长而费解的法律的缔造者。

第二章

达尔文经济

THE GREAT DEGENERATION

法治有着诸多敌人，但这其中最为危险的敌人，莫过于那些冗长而费解的法律的缔造者。

放宽管制的幻想

当今世界经济所面临的最大问题是什么？受到一些人的见解的影响，你可能会以为症结在于金融监管不力。有相当数量的著名评论员表示，致使 2007 年爆发金融危机的根源依然存在，而这一危机似乎至今并未结束。早在 20 世纪 80 年代初期政府所作的决策就已经为此埋下了隐患，正是这些决策引发了金融市场的实质性的放宽管制。在往日那些美好的时光里，据说当时的银行业相当“无趣”。美国在 1933 年颁布的《格拉斯 · 斯蒂格尔法案》中，规定商业银行和投资银行不得涉足彼此，这种情形一直延续到 1999 年该法案被废止。

普林斯顿经济学家保罗 · 克鲁格曼写道，“在里根执政的时代，法律变化基本终结了新政在抵押贷款方面的限制。在里根的宽松管制政策之后，美国的生活节俭之风才逐渐淡出了人们的视线……同样主要是得益于里根时代的宽松管制政策”，金融体系“才敢用微薄的资本在市场上放手一搏”。[1] 在另一篇报纸专栏文章中，克鲁格曼不无留恋地回顾了“第二次世界大战之后经历了相当长的一段稳定时期，那是一系列因素综合作用的结果，存款保险杜绝了银行挤兑的威胁，对银行财务状况的严格控制以及要求限制风险借贷和金融杠杆，限定了银行可以通过借入资金为投资融资的尺度”[2]。这的确是一段美好时光，“是银行业索然无趣的时代，也是经济增长叹为观止的时代”[3]。“战后的 10 年，美国企业生产力整体实现了快速增长，在这一时期，银行受到严格管制，私募股权投资几乎不复存在，直到后来，我们的政治体系作出决定，认为贪婪是个好东西，从此这一切一去不返。”[4]

持这种观点的并非只有保罗 · 克鲁格曼一人，国际货币基金组织的前首席经济学家西蒙 · 约翰逊在他的《13 个银行家》一书中，大量描述了金融体系存在的缺陷和问题。[5] 芝加哥的律师兼经济学家理查德 · 波斯纳也加入其中，号召恢复《格拉斯–斯蒂格尔法案》。[6] 而金融巨头花旗银行的掌门人桑迪 · 韦尔，现如今索性放弃了。[7] 历史上第一次金融危机就诞生在这样的背景之中，这就是所谓：宽松管制政策难辞其咎。自 1980 年以来，放开手脚的金融市场得意忘形，银行忘乎所以，结果咎由自取。现在，它们必须束手束脚，重新来过。

我想事先说明，我无意为银行家粉饰。但是，我的确不认同上述观点。一方面，这次美国危机中有个重要方面不容忽视，即它以贝尔斯登公司和美国雷曼兄弟公司的崩溃作为开端，那么仅仅因为《格拉斯-斯蒂格尔法案》仍在实施，这一切就会烟消云散吗？这我实在无法苟同。这两家都是纯粹的投资银行，完全也可以是因为管理不善于1999年前就宣布倒闭。全美金融公司、华盛顿互惠银行以及美联银行也是同样，这几家商业贷款银行虽未涉足投资银行，但也没有避免关门大吉的厄运。另一方面，所谓美国经济在罗纳德·里根在位之前的表现优于在位之后，就得益于1980年之前对银行的从紧控制，这种说法更站不住脚。1950年到1979年，美国生产力的增长的确较1980年到2009年快了很多，但是在20世纪80年代和90年代间，又要比70年代快了许多。而且，在1979年之后，其增速一直快于加拿大。与保罗·克鲁格曼不同的是，我认为在过去70年间，还有其他一些改变生产力增长的因素在发挥着作用，首先跃入我脑海的有诸如科技进步、教育以及全球化因素等。但是如果我也简单套用他的理论，那么很显然与美国相比，加拿大一直保持着较紧的银行管制体系，生产力本应较美国增长更快，可实际情况却相反，这就无法自圆其说。

对于没有美国背景的英国听众而言，严格监管金融市场可以加速经济增长，反之，放松管制就会导致经济危机，这种说法就越发难以令人置信。在20世纪80年代之前，英国银行业也在执行从紧的政策，伦敦旧城被类似传统同业公会般的限制层层束缚。作为承兑行委员会尊贵会员的商业银行，至少在概念上，也会对接受商业汇票、发行债券和股票心存顾虑。商业或零售银行还要受到大型“高街银行”联盟的控制，后者负责设定存贷利率。在证券交易市场，独立的经纪商卖出，特殊交易商买入。对所有这些绅士资本家，英格兰银行的监管方在一旁慈祥而又不失威严地观望，只消动动眉毛就能察觉出是否存在不当行为[8]。在所有这些条条框框之外，还有第二次世界大战期间和之前及之后设定的大量法律法规需要遵循。1947 年的《外汇管理法》严格限制英镑以外的币种交易，有关规定一直延续到 1979 年。甚至在布雷顿森林体系详细确定了各国汇率兑换规则之后，英格兰银行还会定期干预英镑的汇率问题。1948 年的《公司法》、1958 年的《证券欺诈禁止法案》和 1967 年的《公司法》，都会对银行加以监管。1963 年的《存款人保护法》对未能纳入“第 8 条”和“第 127 款”晦涩条例的接受存款机构又多了一层监管。[9] 1959 年的拉德克里夫委员会报告认为，货币政策的传统工具并不充分，在此之后，又出台了对银行贷款限额的管控。[10] 消费信贷（主要采取“分期付款购买”即分期付款形式）也被严格监管。被英格兰银行认可的银行需要保持 28% 的流动性比例，实际上，这都要由持有大量英国政府债券来实现。

但在这金融严格监管的时代，英国并没有出现所谓的“经济腾飞”。相反，早在 20 世纪 70 年代，就有观点认为英国在经历着 19 世纪 20 年代以来金融体系灾难性的 10 年，当时不仅银行业出现严重危机，股市也在崩盘，房地产泡沫破裂，并且还有两位数的通货膨胀，多亏 1976 年国际货币基金组织的介入，才使英国渡过难关。这期间也出现了英国版的伯纳德 · 麦道夫、贝尔斯登公司以及雷曼兄弟公司，只不过我们现在谁还记得起这些名字：伦敦的杰拉尔德·卡普兰（Gerald Caplan）、郡县证券（County Securities）、杉木控股公司（Cedar Holding）以及成功投资信托公司（Triumph Investment Trust）？诚然，英国次级银行危机部分源自爱德华·希斯政府对银行监管政策所作的拙劣改变。但如果把这些举措误以为是放宽管制就大错特错了，新的监管体系称为《竞争与信贷控制条例》，它要比所取代的原有体系更加复杂和烦琐。此外，恶名昭彰的货币和财政政策错误，对于随后而来的金融危机也难辞其咎。在我看来，20世纪70年代英国的经验教训并非错在放松管制，其实，不当的监管才是罪魁祸首，在货币和财政政策不力的前提下，更是如此。[11] 对于如今我们所处的危机而言，我相信这也依然适用。

监管下的危机

2007年所爆发的金融危机根源就在于过于复杂的政策管制。若对这次危机著书立说，仅仅就其恶性后果则要至少5个章节才能言尽。

第一，大型公开上市的银行的管理层受到极大鼓励以实现“股东价值最大化”，这是由于管理层个人财富和收入很大程度上与自己机构的股权和期权相挂钩。实现这一点的最便捷做法，就是将相对于其资本的银行行为规模最大化。在整个西方世界，相对于银行股东权益的资产负债表由此变得洋洋洒洒。何以至此呢？答案在于这是监管政策所公开认可的做法。

准确而言，巴塞尔银行监理委员会 1988 年的协定就允许银行相对于其资本持有大量资产，前提是这些资产应属于低风险资产，例如政府债券。

第二，自 1996 年起，《巴塞尔资本协议》几经修正，允许企业在各自内部风险评估的基础上有效设立自己的资本要求。在具体实践中，风险权重根据证券评级得出，后来则是通过私人评级机构对结构性金融产品的评级得出。

第三，在美国联邦储备银行的带领下，中央银行演化出一套极不对等的货币政策理念，即当资产价格突然下跌时，银行可以通过降低利率出面干预，但当资产价格飙升时，则不予理睬，听之任之，前提是只要这种飙升不会影响到对所谓核心通货膨胀的公众预期即可（核心通货膨胀是把能源价格和粮食价格从物价上涨因素中排除，并且完全无法反映出房价中的泡沫情况）。这就是俗称的“格林斯潘对策”，后称“伯南克对策”，就是指美联储会出面干预以提振美国股市，但却不会出面抑制资产泡沫，即只在意消费物价通货膨胀，但出于某种隐晦的原因，对房价通货膨胀却不予理睬。

第四，美国国会通过立法以提升低收入家庭自有房屋的比例，特别是少数民族家庭更是如此。于是，房利美和房地美这类政府资助企业就极大程度地扭曲了按揭市场。双方出于社会和政治方面的考虑，都觉得此举有利可图。但是却不去从经济角度考虑，财力薄弱的家庭会因此被鼓励在房地产市场上穷其所有，以小搏大，孤注一掷，豪赌一场。

第五，比美国更进一步的是中国政府，它斥资相当于数万亿美元的人民币，以防止出现人民币对美元升值。这一政策的主要目标是为了确保中国制造业出口在西方社会能极具竞争力。并非只有中国将自己的经常账户盈余兑换为美元。此举的次级后果就是美国因此获得大量信用额度，这一点始料未及。因为这些盈余国家大多购进的是美国政府或政府机构债券，所以这类证券的收益都刻意保持较低水平。由于按揭利率与国债收益紧密挂钩，应运而生的“中美共同体”（此名称源于中美两国这种离奇的经济伙伴关系）则进一步助长了已然出现泡沫的美国房地产市场。

这段危机史中，唯一适用“宽松政策之过”理论的部分，就是市场对信用违约互换这类衍生产品未作监管。保险巨头美国国际集团（AIG）就因此尝到了苦头，其伦敦的衍生产品部门卖出了大量错误定价的保险产品，而这本应属于不可保风险的范畴。但我认为这并不是引发本次危机的主要原因，而一直被监管的银行才是危机的关键。①

衍生产品的问题非常重要，是因为一些重量级人物如前美联储主席保罗·沃克尔和英国金融管理局主席阿代尔·特纳对于大部分（如果不是全部的话）经济和社会福利事业，包括衍生产品市场在内的近期在金融方面所取得的理论和技术进步，都表示怀疑。[12] 对于金融创新我并未持有如此敌对的态度。我同意风险管理的现代技术在很多方面尚存不足，特别是

① 在美国，除其他法律之外，还包括 1983 年的《国际借贷监督法》、1989 年的《金融机构改革、复兴和强化法案》和 1991 年的《联邦存款保险公司改革法案》。

那些忘记（或是闻所未闻）如风险价值模型这类方法的人们可能会对此滥用，但是不能简简单单地把现代金融排除开来，这就像不能为单纯保护书商和图书馆的生计，就把亚马逊网站和谷歌弃而不用一样。

若想对现行以及研究制定中的监管政策加大力度，以期影响到未来金融危机所发生的频次和规模，我认为这种做法极不可取。不仅如此，在我看来，所推出的新政很可能会适得其反。

我们需要应对的问题并非源自金融创新，而是来自金融监管。风险管理的私有部分模式的确尚不完善，金融危机已然使之暴露无遗。但是风险管理的公有部门模式几乎还不复存在，因为立法者和监管者对意外后果法则几乎完全无视，就在不经意间，他们助长了覆盖所有发达国家的房地产泡沫。[13]

就我而言，问题并不是“是否应该对金融市场进行监管”。实际上，没有监管的金融市场根本就不存在，即便是古老的美索不达米亚的学生对此都不感到陌生。亚当 · 斯密所在的苏格兰也曾就何种监管适用于纸币体系进行过生动讨论。其实，这位自由市场经济的创始人在 1772 年的艾尔银行危机（Ayr Banking Crisis）之初，就曾提议实施一系列相当严格的银行监管措施。[14] 如果没有欠账还钱、童叟无欺的铁律，就不会有金融的出现。如果没有对银行管理的约束，在资产和负债的期限不匹配时（随着部分准备金体系的出现，这个问题几乎在所有银行都普遍存在），在市场低迷时，就可能会有银行被迫出局。所以，正确的问题应该是：“怎样的金融监管效果最为理想？”

在我看来，现如今，多数观点认为繁胜于简，有法可依胜于自由裁量，企业与个人要以大局为重。我认为这是基于对金融市场运作机制的错误理解。这让我想起奥地利维也纳著名的讽刺诗人卡尔·克劳斯，他曾就精神分析作过这样的风趣评价：这是假装被治愈的疾病。我相信，过于复杂的监管政策就是假装被治愈的疾病本身。

监管者由谁来监管？

“我们管不了自己，只能让你们介入去管好华尔街了。”[15]这话出自美国华尔街著名投资银行摩根士丹利公司的前首席执行官麦晋桁，他是2009年11月在纽约说的这番话。麦晋桁受命于美国国会的立法者起草《华尔街改革和个人消费者保护法案》，该法案于2010年7月签署（后称《多德–弗兰克法案》，这是依照众议院和参议院的两大赞助人而命名）。

法治有着很多敌人，其一就是不良法律。制定《多德–弗兰克法案》的初衷，是想“通过增强金融体系的问责制和透明度，提升美国金融的稳定性，让（机构）‘大而不倒’的局面得以告终，通过结束金融救市保护美国纳税人的利益，让消费者免受金融服务中的违规操作之害等，不一而足”，可是《多德–弗兰克法案》在监管的超级复杂方面堪称典范。该法案要求管理者制定243条规章制度，进行67项研究，公布22份定期报告。它在取消一项监管的同时，又另生出两项监管。它为系统重要性金融机构 （Systemically Important Financial Institutions，以下简称SIFI）的“正常清算”进行了详尽的规定，还实施了所谓沃克尔规则的温和版本，其中禁止SIFI参与“自营交易”，或在私募股权投资基金和对冲基金中进行赞助或获取收益，但是还不仅于此。

法案第232款规定管理机构必须建立“少数民族和女性参与办公室”，特别要确保“提升项目中少数民族和女性拥有的企业的参与度，以及机构相关的合同数量”。除非大家愿意相信，在国际货币基金组织女主席克里斯汀 · 拉嘉德的领导下，就不会有危机出现，如果那家关门大吉的银行名称不是雷曼兄弟，而是“雷曼姐妹”的话，就会摆脱倒闭的厄运， 否则，我们就会提出质疑：《多德–弗兰克法案》中这一特殊的条款，对于“提升美国金融稳定性”能起到怎样积极的作用？法案第750款也存在同样的问题，其中规定要新成立一个机构间工作组，用于“研究监督现有和未来的碳市场，以确保碳市场的高效、安全和透明”。还有第1502款也是如此，其中规定如果产品不含冲突矿产，即矿产不直接或间接提供融资或支持在刚果民主共和国或毗邻国家的武装团体，则要对产品标明“与刚果冲突无关”。刚果的冲突钻石的确不值得称道，种族和性别歧视、气候变化也是如此，但这里是谈及这类话题的妥当之处吗？

《多德–弗兰克法案》第二部用近乎80页的篇幅，周密详尽地解释说明了SIFI将怎样较美国雷曼兄弟公司的破产所产生的危害小很多。但其实归根结底，这部法案就是将最终责任推给了美国财政部部长、美国联邦存款保险公司、华盛顿特区法院和华盛顿特区上诉法院。如果美国财政部部长和联邦存款保险公司认为某家金融企业倒闭可能会导致局势不稳，那它们就可以加以控制。如果企业反对，华盛顿的法院可以有一天的时间来决定这一决策是否正确。对外披露对此案的审理则是刑事犯罪。如此卓越的程序会比普通破产高明多少，着实令我费解。[16] 我思前想后，觉得SIFI也许应该读作"sci-fi"（科幻小说之意）更为妥当。

正如我先前所述，在金融体系中，机构越是受到监管，越是容易受到灾难的侵袭，这次的重灾区是在大西洋两岸的大银行，而非对冲基金。在美国的政治课堂上，将经济危机的根源归咎于宽松管制，继而导致银行家肆无忌惮，这不仅是将责任推诿于人，而且为更多监管创造了正当理由。有个古老的拉丁问题，在此处显得恰如其分，那就是：quis custodiet ipsos custodes?（监管者谁来监管？）

现在来看另一套监管政策。《巴塞尔资本协议III》就银行资本标准进行了规定，并计划将于2013年到2018年底付诸实施，这样世界最大的29家全球银行将需要募集5 660亿美元的新资本，或是出售大约5.5万亿美元的资产，方能满足协议对新资本的要求。根据全球三大国际评级机构之一惠誉国际当时的预测，这就意味着银行在2011年底相对资本应增加23%。[17] 诚然，自1980年后，大银行日渐资本不足，或者说杠杆比例过高。而远未明朗的是，怎样使银行掌握更多资本或减少贷款，才能与经济持续复苏的目标相匹配，如若不然，美国金融稳定的局面无法恢复，欧洲则更是如此。

在每个监管政策背后，都有着置于四海而皆准的意外后果法则在发挥作用。如果事与愿违，此项监管的实际效果会为SIFI带来更多系统风险，那又将如何是好？《巴塞尔资本协议III》有着很多新的特点，其一就是要求银行在经济繁荣时要积累资本，未雨绸缪，以便在经济衰退时有备无患，游刃有余。西班牙银行监管方在几年前引入创新措施时，这曾一度非常盛行。

非智能设计

在前面我想说明曼德维尔的《蜜蜂的寓言》的价值，它用类比的方式极好地说明了良好政治制度所发挥的作用。现在，我想借用生物界的比喻。查尔斯·达尔文在自传中就曾明确表示，当时的经济学家对他产生了深远影响，特别是他于1838年“偶然阅读”的托马斯·马尔萨斯的《人口原理》。据达尔文在自传中的回忆：“经过系统的研究，长久以来观察动植物的习惯，我了解到四处都是在挣扎中求生存，此时立刻令我想到在这些环境中，有利的差异会得到保留，不利的会被破坏。这样，我终于有了可以研究的理论。”[18]《经济学人》的编辑白芝浩只是当时众多维多利亚时代的学者中的一位，当时有很多人都在达尔文的进化论和经济社会之间画了等号。白芝浩认为："英国商业粗糙而平庸的结构就是其生存的秘密，因为它包含着'求变的趋势'，而这正是人类社会与动物王国的相似之处，是实现进步的基础。"[19] 下文中会更多地介绍白芝浩的观点。

在金融市场和达尔文所理解的自然界中，并不仅仅在表面上存在着相似之处。正如塞伦盖蒂平原上的野生动物，个人与企业之间也在为生存而不停斗争，为有限的资源而展开竞争。自然选择依然会适用，或是促成创新（按照自然界的术语来讲就是突变）有益于发展，或者是自取灭亡，所有这些都取决于适应环境的程度。金融世界和真实的进化体系存在着怎样的相似之处？根据我所作的研究，[20] 至少有以下 6 点相似之处：

- "基因"：在某种层面上，企业文化的某些特点与生物学中的基因发挥着同样的作用——将信息存储于"组织记忆"中，在个体间进行传递；在新企业创建时，在企业间传递。
- 具备自发"突变"的可能性，通常是指经济世界中的创新，这主要是通过技术创新来实现。
- 物种内部的个体为资源进行竞争，其结果是寿命更长和繁殖更好，这同样也决定了哪种商业行为可得以为继。
- 自然选择机制通过对资本和人力资源的市场分配实现，其间也有因状况不佳而"死亡"的可能性，即"差别生存"。
- 可能形成新物种，通过创造全新的金融机构"物种"来维持多样性。

- 可能出现灭绝，某些物种完全灭绝 。

有时，正如在自然界中，金融演化过程要受到地缘政治的冲击和金融危机这类巨大变革的影响。当然，区别在于，自然界中来袭的小行星来自外太空，而金融危机的根源却在体系内部。20 世纪 30 年代的美国经济大萧条以及 20 世纪 70 年代的美国恶性通货膨胀，就宛若是自然环境突变，造成“大规模灭绝”，例如 20 世纪 30 年代的银行恐慌以及 20 世纪 80 年代的美国储贷危机。现今的金融危机规模也相当可观，但是为何大灭绝没有应声而至呢？那些金融界的“恐龙”依然自在驰骋。

答案在于，生物进化是在无情的自然环境中进行，而金融进化是在监管架构中发生，这里就可以借用反达尔文的创世论者的一个术语，是“智能设计”在其中发挥了作用。但这个设计又出自怎样的智能呢？答案就是：进化进程中没有能做出预言的智能。实际上，当身处其中的时候，更多的只是使脆弱的系统雪上加霜罢了。

可以这样来看问题。1980 年后的一段时期所实施的监管架构，鼓励多数银行相对其资本扩大资产负债表，这种情况在诸多国家都有出现，如德国、西班牙以及美国均是如此。（对于柏林和马德里所出现的局面，我们着实不应让雷纳德 · 里根为之受过。）当产权资产出现价格下滑，银行就会受到资不抵债的威胁。当短期资金供应不足，银行就会面临流动性不足的问题。这时，当局主管就不得不做出选择：是让大量银行倒闭导致经济大萧条，还是出面救市？最后，他们选择了后者。但选民并不买账（若当真出现了“因大而亡”的局面，那么情况势必会越发不可收拾，可选民并未因为幸免于此而心怀感激），立法者现在不得不制定法律，避免以后再出面救市。

《多德-弗兰克法案》就明确规定了如果SIFI倒闭，不会让纳税人出一分钱，但具体该由谁埋单，却是含糊不清，不甚明了。法案第214款（心慈手软地）进行了模糊处理：“在此项下的金融公司所有用于清算的资金花费，应在该金融公司的资产处置中予以支付，或者通过估算，由相关金融部门负责支付。”那么担保债权人、银行债权人怎么办？它们可是在2008~2009年间被予以充分的保护。出于谨慎起见，《多德-弗兰克法案》就此进行了研究。如果立法的实际效果就是宣布不得对SIFI的重大破产予以公开集资救助，那么对相关债权人造成的巨大损失则在所难免。如果真的出现这种情况，大银行的资本成本势必会增加，即便其股本回报率降低也是如此。此举原本是要降低不稳定性，结果却导致了脆弱性的上升。

还可以将金融体系构想成一个高度复杂的系统，其间由大量的内部关联组件以非对称的结构构成网络，[21] 该网络的运转介于有序和无序之间的“混沌边缘状态”。如此复杂的系统可以在一段时间内运转表现良好，这显然是处于平衡状态，在现实中，则要不停地调整，作为正反馈环运转。但是，有时会出现“临界状态”，这时小小的干扰就可以导致从良性平衡到危机状态的“相变”。当网络节点“紧密耦合”时，这种情况会更为普遍。当网络的内部关联性提高时，约束不一致可以迅速导致“复杂性灾难”。

从白蚁丘到大森林再到人类的神经系统，自然界中的所有复杂系统都有着共同的特点。对于这样的系统，即便是微小的信号输入，都会产生巨大的不可预期的改变。因果关系常常都是非线性关系。实际上，有些理论家会更进一步，认为特定的复杂系统完全是非决定论的，也就是根据以往的数据几乎完全不可能预测未来行为。下次森林之火是大是小？是燃起的小篝火还是熊熊烈焰？我们无法做出准确判断。同样的“指数定律”关系似乎可以适用于地震和疫情的爆发。[22]

金融危机也是同理，这也在情理之中。异端经济学家W · 布瑞恩 · 亚瑟（W. Brain Arthur）持这种观点已有多年，他认为复杂经济体的特点是：分散机构间的互动、缺乏统一管理、多层组织、不断的调整、不停创建新的市场利基，以及不存在一般均衡。从这个角度来看，正如英国央行执行董事安德鲁 · 霍尔丹所述，华尔街和伦敦城是人类历史上所创建的最为复杂的系统之一（见图 2.1）。[23] 在银行业的市场集中度、同业拆借、金融创新、科技加速发展等的综合作用下，会使得系统极易崩溃。但是，自然界和金融界的区别在于监管在其中发挥的作用。监管就是为了降低金融森林火灾的发生次数和规模。可是如上文所述，这也很容易适得其反。这是因为政治过程本身就相当复杂。监管方本身可能会受到被监管方控制，更有因利欲熏心出现监守自盗的可能性。还可以通过其他方式控制

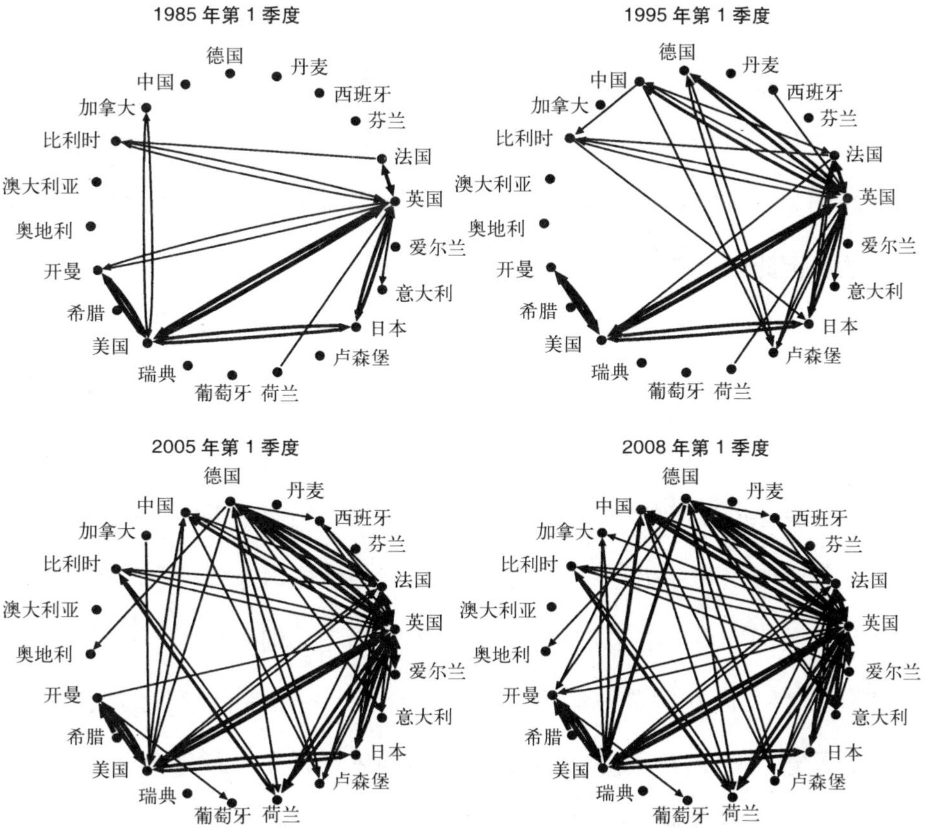

图 2.1　国际金融系统的网络连接性球状图

资料来源：安德鲁·霍尔丹，英格兰银行

监管方，比如，他们对所监管实体提供的具体工作数据存在依赖性，自然会受制于其中。

统计学家、期权交易人纳西姆·塔勒布在他的著作《反脆弱》中，进行了哲学的思考，他提出了一个绝妙的问题：脆弱的对立面是什么？答案不是"稳健"，也不是"强大"，因为这些仅仅意味着脆弱程度的降低，脆弱真正的对立面是"反脆弱"。只有经历干扰后能变得更加强大的系统，才称得上是"反脆弱"的系统。[24] 监管的关键应在于强调反脆弱的设计。但是我们如今所考虑的监管却事与愿违：由于其极度复杂且经常自相矛盾的目的，因此监管变得更加脆弱。

伦巴第街的教训

过于复杂的监管的确是自己本意想要治愈的顽疾。正如曾经的苏维埃制度的缔造者当初并不是故意要把一个现代经济体引入各种难以为继的复杂境地，英国知名经济学家和政治哲学家哈耶克和匈牙利著名的经济学家亚诺什 · 科尔内在很久以前就已作过解释，[25] 在后危机时代的世界，监管者若想建立一个不受危机困扰的全球金融体系，则势必会遭到失败，他们永远都无法管理如此复杂的系统，只能是从以往的危机中学习到重蹈覆辙的经验教训。

是否还有其他权宜之计？我对此坚信不疑。但我认为我们需要回到达尔文的时代去寻求答案。白芝浩在 1873 年出版的《伦巴第街》一书中，不厌其详地描述了当初伦敦城的发展变化。出于达尔文主义者的勇气和魄力，白芝浩认为英国金融体系繁冗复杂、脆弱不堪。他说："随着金融体系权力的不断扩大，其脆弱性也不断加剧，甚至可以用岌岌可危来形容……即使是在经济最为繁荣的时候，整个体系架构也非常单薄脆弱。我们金融体系的特点就是人与人之间的空前信任，如果这种信任因隐患受损，一次小的意外就可以导致严重后果，若是出现大的事故，则几乎可以使之毁于一旦。”[26]

在此之前，没有谁能像白芝浩这样为银行挤兑做出如此透彻的描述。对《伦巴第街》不熟悉的人士，也都认识到英国北岩银行和全美金融公司在2007年出现的银行挤兑，2012年，则轮到西班牙班吉亚银行让储户丧失了信心。《伦巴第街》的最大优势之一，就是其对伦敦金融市场中所有主要机构——蒸蒸日上的合资银行、每况愈下的私人银行、证券经纪人、新兴的储蓄银行等——进行考察的方法，除此之外，他还充分分析了每种机构的问题和不足。理论上，白芝浩希望能建立一种金融体系，其中的各个机构都有应急准备金，以从容应对不时之需。但是实践中，对于伦敦市场来说，整座城市唯一的最终储备即英格兰银行的“国家的大量闲置专属现金”。[27] 换而言之，在我们当下，中央银行（及其背后操控的政府）构筑起恐慌时期的最后防线。

回顾半个世纪的金融危机史，白芝浩睿智地表示，英格兰银行作为国家准备金守护者的这一角色与法律定义的角色颇有不同，其实也与银行管理者的理解有出入。在1825年的恐慌期间，银行的所作所为无可厚非，但如今时过境迁，不能生搬硬套当时的做法，更何况我们若是不明就里，不知道当初做出正确选择背后的原因，就更不能盲目效仿。在1844年的

《英格兰银行条例》通过之后，出现了三次恐慌，该条例主要是对银行印钞权进行了规定，后被终止使用。当时情况与我们现在相仿，危机下，应该接受哪种证券作为抵押品尚有不确定性。银行的管理结构模糊不清。银行行长和银行董事就由他们自己担当，而不是启用银行家。（当初，人们选择商人担当此重任，而如今我们倾向于选用学者，但这也未见得是一种进步。）当SIFI机构欧沃伦格尼银行于1866年倒闭时，大家只能捉襟见肘，勉强应对。

白芝浩的解决办法简单明了，但我相信这却常遭人误解。他有过一个著名的提议，即在危机时，中央银行应该以惩罚性利率放开借贷："贷款大多数都要以极高的利息偿还，这才是上乘的解决之道……"[28]如今，我们只是部分听取了他的建议，因为认为如今的金融体系杠杆效应会使高利率难以为继。白芝浩的理论是要"避免出现过多的贷款申请，将贷款用于那些本不需要资金的申请人"。[29]如今，纵观所有银行，无论其实力是强是弱，都在拼命地吞入几乎取之不尽的近乎零利率的贷款，我终于理解了白芝浩的良苦用心。

我们也忽略了白芝浩的其他观点，特别是他认为在强调制定规则的同时，也要重视自由裁量的重要性。首先，白芝浩强调了银行董事要具备丰富的市场经验，他写道："稳健的商人总能敏锐地辨别出危险人物的可疑立场，他们可以迅速发现腐败交易的蛛丝马迹。"应新添全职副行长的职务，赋予其行政管理权，作为类似永久性财政副部长的角色发挥作用。还应选出顾问委员会，“以引入……一种明智的忧患意识”。[30]

其次，白芝浩一再重申，正如他所述，“（英格兰银行的）至关重要性在于它要一直保留大量的银行准备金”。但是他也强调，准备金的规模不应由某些规则自动确立，不应效仿现钞流通的做法依照1844年的《英格兰银行条例》进行。“不应将当前其负债的某个确定金额或固定比例提取出来，作为银行应作保留的准备金之用”。理想的中央银行的目标应该是设定“忧患最低点”，除此之外不必更为精确，而“这无论是通过抽象的辩论还是数学运算，均无法令我们洞悉其中奥妙”：

（他继续讲道）我们无法指望他们能够实现这一点。信贷是通过周遭环境所生成的一种观点，而且也会因环境而异。信贷的状态……也只能通过尝试和问询得出。同样，无法准确获悉多少数量的“准备金”能让大家高枕无忧；在这一问题上，永远无法达成一致，只有通过不停观察公众的心态，密切关注在准备金数量的各个点位所产生的不同影响，来做出判断。[31]

银行的贴现率也同样不具有可预测性，贴现率是银行对于优质商业票据所作借贷而使用的利率。白芝浩认为，“英格兰银行依照市场汇率相应制定出自己的利率，这……通常是大错特错的”。银行的“第一要务”是利用贴现率“保护国家的终极现金”。[32]这其中当然也存在着自由裁量权，因为没有任何规则可以确定储备金的理想规模。

如今，还有这样一些观点，比如美国经济学家劳伦斯·科特里科夫和英国《金融时报》的专栏作家约翰·凯就认为，唯一的出路就在于对我们的金融体系进行标本兼治的结构改革：这里指的是“狭义银行”，而不是要把所有的银行都全盘考虑。[33] 我可以看出这些观点中的知性诉求。理论而言，也许若能将大银行由大化小，则会大幅降低杠杆效应以及银行存款接收者和风险承担者之间的相互关联性，这样自然最为理想。[34] 但是，与白芝浩相同的是，我更愿意接受现状，不指望在有生之年看到全盘放弃当前这种“大而不倒”的制度，这背后是中央银行的资助，甚至必要时，还有国库的支持。我们的任务是像白芝浩那样，“充分利用现有银行体系，使其各尽其能，各得其所。即便我们只能治标不治本，也要找到最好的权宜之策”。[35]

银行家何以为励

白芝浩在他的著作中坦言：“问题非常微妙，解决方案千差万别，找到最终办法绝非易事。”[36] 直至今日也仍是如此。但我认为，从白芝浩的第一条原则开始入手，应该不失为上策。第一，加强中央银行的作用，使之成为货币和监管体系中的最高权威机构。第二，确保掌控中央银行的人既要有“忧患意识”，也要“经验丰富”，这样，当出现信贷过度增长以及资产价格通货膨胀时，就会积极采取行动。第三，在使用储备金要求、调整利率以及公开市场操作等主要中央银行工具方面，给予他们相当的自由度。第四，效仿白芝浩向读者传道授业，传播一些金融史知识。

最后，还有白芝浩无须赘述的一点（因为这在当时是毋庸置疑的）——我们应确保违反监管权威机构相关规定的人必须为其违法行为付出极大的代价。有人认为本次危机是由宽松管制所导致，其实这是对这一问题的误解。不仅监管被误读是很大一部分原因，还有就是以为可以免受惩罚，其实这并非来自宽松管制，而是来自处罚不严。

在银行内外都不乏贪婪之人。毕竟，银行是个多金的所在，或者，它给大家留下的印象使然。但是如果自以为自己的不法行为会不为人知，可以瞒天过海，那么欲壑难填的确会使人欺上瞒下或有失检点。监管不力或适用法律不当自 2007 年起就是最为饱受诟病的问题所在。在美国，所有对房地产泡沫及其后的种种问题难辞其咎的人，为此受到牢狱之苦的可谓凤毛麟角。在英国，对银行家最严厉的处罚是取消并废止前苏格兰皇家银行首席执行官弗雷德 · 古德温的爵士头衔。

白芝浩从未得到他所提议的极富实权的副行长角色，实际上，行长这一职位成为了当初白芝浩所设想的那种永久性掌握实权的角色。英国首相戈登 · 布朗把行长的监管职权交给了英国金融服务管理局，因此负责管理金融政策研究部门的行长这个差事并非易事（最近还把紧急印钞的工作也含纳其中）。美国联邦储备系统（Federal Reserve System）并不是那么强大有效。而有谁想在这里捞取油水，那可真是找错了地方，也正因如此，这里鲜有犯罪分子最后对簿公堂。

这样的例子数不胜数，我姑且引用一例。2010 年 10 月，安吉洛·莫兹罗与证券交易委员会达成和解，他曾是破产的抵押房贷公司全美金融公司的首席执行官，因被指控民事欺诈和内部交易被处以 6 750 万美元罚款并要“退缴钱款”。这笔罚金最终并未全部由莫兹罗本人支付，而是由美国银行（它在金融危机最低谷时收购了全美金融公司）及其保险公司进行支付。在 2000 年到 2008 年，莫兹罗共收到将近 5.22 亿美金赔偿，其中还包括出售全美金融公司股票的收入，这比他那笔罚金还要高出 10 倍之多。[37] 如果他的所作所为并未触犯刑法，只能说明刑法在这方面存在漏洞和不足。

伏尔泰有句名言说，英国时不时会做出一些惊人之举，以儆效尤。如果现如今的银行家都已形成了不容置疑的危险认识，若是要跨越权威眼中的雷池——毕竟银行业务最终需要仰仗权威机构的支持——那他们定会难逃牢狱之苦，若是如此，世界上所有力求事无巨细都要尽数掌控的监管制度，都将无法扭转未来的金融危机。与其殚精竭虑制定那些繁冗复杂又徒劳无功的监管制度（无论是“宏观审慎”政策还是“反周期”财政政策），不如反观白芝浩的世界——正是因为权威不可动摇，关键性规则不言而喻，所以个人的审慎要比单纯的言听计从更为可取。

我在本章节的开篇之初，反对那些严格监管的支持者，之后又积极倡导将不轨银行家绳之以法。我希望大家能够明了，这两个观点并非水火不容，而是相辅相成的。盘根错节的金融界会因为监管的简明扼要和执法力度的增强，变得不再那么不堪一击。

我再次重申：法治有着诸多敌人，但这其中最为危险的敌人莫过于不良法律。在下一章中，我将在更为普遍的层面进行讨论，广义而言的法治本身在当今西方社会中，特别是在美国社会中，日益衰退，江河日下。正如我所言，在监管方面，我们应更多地向白芝浩学习。但是，英语世界中的法治社会是否会在不知不觉中回到从前狄更斯笔下《荒凉山庄》的时代？法治是否会沦为律师之治呢？

第三章

THE GREAT DEGENERATION

法律全景

法治是否会沦为律师之治呢?

法律的诱惑

法律学者贺卫方虽然在西方社会知名度并不很高，但在中国却颇具影响，他在 2003 年发表的一篇文章“论中国宪政的起步”中，非常敏锐地观察到：“西方法律环境与中国的法制现状形成有趣而鲜明的对比，二者之间体现出很多的区别与不同……虽然中国现代法律体制源自西方……但东西方在事物发展方面表现出诸多差异。”[1]

本章的主题是法律环境，我想设问：中国这类发展中国家是否可以向西方学习有关法治的内容呢？有种普遍的假设认为，西方法律体制良性健康，中国人只需复制其中最佳实践即可，无论这其中的可行性如何，我对此表示怀疑。

法律在英国的发展之路

究竟何谓法治？已故英国大法官汤姆·宾厄姆曾以法治为题著书立说，[2]他在《法治》一书中提出了7条标准，以此我们可以对法律体制进行评估：

1. 法律必须易懂、清晰、可预测、尽可能智慧。

2. 有关法律权利和责任的问题一般可以运用法律解决，而非通过自由裁决解决。

3. 法律面前人人平等，同时要充分考虑到客观差异（例如，精神上无行为能力）区别对待。

4. 部长及各级官员必须忠诚、公正地依法行使赋予他们的权力，不得超出此权力的限度之外。

5. 法律必须充分地保护基本人权。

6. 必须在没有使用不当费用或导致过度拖延的情况下，提供解决当事人无法自行解决的善意民事纠纷的手段。

7. 国家提供的判决程序必须公正。

对于第五条中，宾厄姆列出了希望法治予以保护的至少14项不同权利，具体包括：生命权，免受虐待的权利，免受奴役和强制劳动的权利，安全和自由的权利，获得公正审判的权利，免受非法处罚的权利，个人隐私/家庭生活受到尊重的权利，思想、良心、宗教自由的权利，表达自由权，集会结社权，婚姻权，免受歧视的权利，财产权的保障以及受教育权等。（他可以在权利方面更进一步，因为如今有些国家已经明确认可了公民的住房权、医疗权以及在受教育和清洁环境等方面的权利。为何不考虑设定饮酒权呢？）

在英国，宾厄姆所理解的法治概念是历史长期发展的结果。1215 年，《大宪章》规定了所有英国人在法律面前一律平等的原则，王室在未获得大议会（后为议会）许可的前提下不得征税。同样也是在中世纪时期，（针对非法拘禁的）人身保护令投入使用，英国将近 500 个市镇获得有效自治宪章，自 1295 年后，这些自治市镇在议会中也有了代表。自亨利三世到詹姆士二世期间，国王和议会之间斗争不断，王室为战争筹款有意将皇室私有产业出售，此举严重削弱了其统治地位。正如第一章所述，随着光荣革命的到来，斗争达到高潮，“国王在议会”的主权得以确立。同样也是在 17 世纪，拷问被废除，但直至一个世纪之后的 1772 年的索美塞案，才明确宣布了奴隶制在英国属于非法。在这段时期中，普通法法院有效地抵制了皇权控制下的机构对司法权的抢夺。但是直至 1701 年《王位继承法案》确定了法官终身任职，才确保了司法独立。

我在牛津大学本科学习时，以为英国历史是建立在三大原则之上。第一，在英国，一个人的家就是他的城堡。在恩蒂克诉卡林顿一案中，卡姆登勋爵因政府对激进记者约翰 · 恩蒂克的住宅突袭做出不利于政府的判决。卡姆登宣布，“每个人进入社会的最终目的都是保护其财产”，并援引约翰·洛克的观点，“依照英国法律，对于私人财产的侵犯，无论多么微小，都是直接故意侵害”。第二，只要不造成危害，就可以“为所欲为”。“按照我们的意志进行思考和言行的特权，不受任何限制，我们可以尽量积累财富，只要所有这些都不会伤及公众利益或是他人利益即可，这就是自由的光荣特权”，也就是所谓“卡托”观点在18世纪20年代早期的形成（卡托来自约翰·特伦查德和托马斯·戈登的笔名）。第三，就是少管闲事。“对别人的生活方式过分在意，甚过于关心自己的生活，这不是英国人普遍的做法。”[3] 英国政治经济学家约翰·斯图亚特·穆勒对法国自由主义学者亚里克西斯·德·托克维尔做出上述解释。英国著名宪法学家A·V·戴西早在1885年就指出，英国法治的这些支柱都是普通法法院中司法决策缓慢渐进发展的结果，在很大程度上基于先例而形成，其实并不存在“清晰明确的原则声明”，有的只是议会的司法记忆和条文创新的相互作用。

我现在意识到以这种观点看待英国法律史其实相当幼稚。英语世界中健在的最伟大的法理学家罗纳德·德沃金在《法律帝国》一书中表示，确有一些原则在真正支撑着普通法系，即便这些原则并未像美国《宪法》中那样以明文规定，也不受影响。德沃金写道：“我们坚持国家应按照一套前后一致的原则办事，即使公民对于公正与公平的正确原则见解不一，也是如此……法官力图在关于公民权利和义务的某种前后一致的原则中，找到对其社会的政治结构和法律学说的最合理的建设性阐释，以此去判决疑难案件。”[4]在法律实施的背后存在两个因素，即法官的正直以及“立法……它正从对社会的当下承诺转向政治道德的背景信念”。[5]有关合法性（或原则性）的问题还是需要法官来作决断，有关政策的问题则归立法和行政负责。在这个法律世界中，法官需要在他所最终认定适用的法律法规、一般规则主体、法律政策和合理预期之间，进行真正意义上的巨大斗争。因此，即使是在英国这样没有成文宪法的普通法系中，也是基于如下原则（还是出自德沃金的观点），即“不仅是根据社会所接受的实践实施具体法律法规，而且还为所实施的法律法规提供最佳道德理由……遵循这些合理原则的法律法规，甚至包括尚未实施的未来的法律法规”。[6]

与民主一样，法治从这一层面而言本身是好的，就其所产生的物质结果而言，也是令人称道的。如今，鲜有哪些真理可以做到像法治这般被普遍认可，特别是它还限制了贪婪政府的“攫取之手”，因此有利于经济发展。在道格拉斯·诺斯看来，“历史上出现的社会停滞和当前社会不发达的最重要原因之一，就是社会无法有效且低成本地确保合同的履行”。[7]经济社会非常需要由第三方强制合同的履行，从而克服私有部门机构不愿参与非共时性交易的问题，特别是存在时空上的较大距离时更是如此。私有部门机构例如交易所、贷款公司以及仲裁委员会就可以强制履行合同。但是通常情况下，诺斯认为，“第三方强制合同履行（意味着）……国家作为强制力量能监管产权，并且有效地强制合同被履行”。[8]

这又引出确保国家权力不被滥用的问题，因此有必要对之加以约束。正如斯坦福大学经济学教授阿夫纳·格雷夫所主张的，如果强制合同被履行的公共机构披露私人财富的地点、数量等信息，那么国家（或其职能部门）就可能忍不住将之部分或全部据为己有。[9] 因此，在不受法律约束的国家，私有合约强制履行机制则相对安全，例如地中海区域的马格里布商人在公元 11 世纪所运营的网络渠道就是如此，这是基于他们共同的犹太教信仰以及亲情纽带而建成的网络，这与 18 世纪足迹几乎遍及全球的苏格兰人也颇为相似，另外东非的南亚商人也是如此。如今，世界很多地方都有这样的网络，比如在中国境外的华商团体就是一例。与中世纪的同业行会相似的是，这种制度的问题在于，这将导致提高入门门槛，建立垄断，不鼓励竞争，降低经济效率等。由此，随着经济活动日益发展，私有合约强制履行制度日益变得公开。但是具体过程还要依赖国家对其使用强制力加以约束，以尊重私有财产权。在经济学方面，这就是法治的关键作用所在。这里，财产权要远比人权更为重要。

法律、经济与历史

很少能有人与哈佛大学经济学教授安德鲁·施莱弗及其合著者对于法律和经济研究文献所产生的影响比肩，其观点是在英语国家发展进化的普通法系较所有其他法系在合约强制履行和强制约束这两方面存在优越性。无论是起源于罗马法的法国民法体系，还是德国以及斯堪的纳维亚法律体系，在这两方面都不甚理想，相形之下，非西方国家的法律体系就更不值一提了。是什么使得普通法在过去及现在都能在经济领域游刃有余，良好地发挥作用呢？拉·波塔、洛佩兹·德·西拉内斯、安德鲁·施莱弗、罗伯特·维什尼在1997年的一篇研讨会论文中认为，普通法系为投资者和债权人提供了更大的保护，结果就导致有钱人更愿意参与投资或借贷。金融中介的等级越高，与此相关的经济增长也就越快。[10]

经过一系列实证研究，这些学者与其他学者一道，都试图说明在普通法国家中存在下列特点：

1. 相比民法国家，普通法国家对投资者保护力度更大，更容易取得权益融资，与此相应地还表现为股市规模更大，拥有更多上市企业和更多首次公开募股。[11]

2. 与“内部投资者”相比，对外部投资者保护力度更大，反之，法国这样的民法系国家对此的保护力度则不很到位。[12]

3. 新企业更易进入市场，表现为开办新企业所需手续、所耗时间以及成本等方面存在优势。[13]①

4. 法院办案效率更高（得益于较少的形式主义内容），这通过逐

① 对于加大新企业进入市场难度的国家而言，并不会在产品质量方面获益，但却表现出更高程度的腐败，出现更严重的黑色或灰色经济。

出未付费租户以及支票退回后收取欠债所耗天数可以体现。[14]

5. 对劳动力市场管制较少，因此与民法国家相比，有着更高的劳动人口参与度和更低的失业率。[15]

6. 有着更为广泛的强制信息披露要求，对投资者再次起到鼓励作用。[16]

7. 出现资不抵债时，有着更有效的应对程序，以酒店破产的情况为例，即可得以印证。[17]

对确定法律渊源的决定性因素理论加以总结，作者写道：

对投资者的法律保护在预测金融发展时具有强大的解释力……（同样）诸如政府对银行的所有权、进入管制成本、劳动力市场管制、征兵率和政府对传媒业的所有权等……在所有变量里，民法国家的政府所有权和政府管制都要高于普通法国家……（而相对应的）很多指标都对市场有不利影响，比如会招致更严重的腐败、更大比例的非正式经济和更高的失业率……相比民法，普通法会与较低的司法程序形式化……和较强的司法独立性联系在一起……普通法代表的是一种旨在支持私有市场结果的社会控制思想，而民法则将遵循国家意志配置资源作为其追求的目标……民法是“政策执行”，而普通法是“争端解决”。[18]①

① 参见拉斐尔·拉·波塔、弗洛伦西奥·洛佩兹·德·西拉内斯和安德鲁·施莱弗著的《法律起源的经济后果》（上）。——译者注

这让我们回到初始的概念上来，“在普通法下，司法决策的灵活性”更大，因为“普通法法院有着更宽泛的标准选择，而不是拘泥于具体的法律法规”。[19]

与社会科学的很多观点相似，法律起源的这一理论也有其历史渊源。为何法国的法律制度就不及英国呢？因为与英国相比，中世纪的法国王室特权更为强势；因为法国内部较英国更不太平，外部则更为脆弱；因为法国大革命并不信任法官，而是希望将之功能弱化，只是严格按照立法机构所定义的法律法规负责具体实施。结果就形成了更不独立的司法系统和法院，无法对行政行为加以审查。高卢式的自由观在理论上更为纯粹，但在现实中却乏善可陈。不管怎样，亚里克西斯 · 德 · 托克维尔把 19 世纪 30 年代及 40 年代的美国和法国进行比较，并作出了敏锐的判断：相比自由，法国更倾向于平等。这种偏好有利于形成强大的中央集权国家，但是作为公民社会却略显不足。当法国将其法律模式输出到其亚洲、非洲等地的殖民地时，情况变得越发糟糕。

法律起源理论对于非西方国家的法律体系也有着重要历史意义。我们已然了解了蒂穆尔 · 库兰的观点，他提到伊斯兰教法对奥斯曼帝国经济发展起到了阻碍效果。中国也有类似情况。贺卫方就已指出，在中华帝国时代，“中国政府并未做出任何分权的举措”，所以“中国的地方官有着综合性职能，具体包括三大基本职能，即制定法律法规……执行法律法规……解决纠纷”。儒家和道家都不支持律师制度，并摈弃了这一对立的模式。将孟德斯鸠的著作翻译成中文的清末学者严复完全了解中西方在法律精神方面的差异，他曾这样写道："（在19世纪70年代晚期）我赴欧洲访问的时候，曾出席法院听证会，当我回来的时候，感觉怅然若失。一次，我和（清朝驻英国大使）郭松涛先生谈起……使英国及其他欧洲国家富强繁荣的原因很多，其中重要的一个原因就是可以确保公正的实现。郭大使也非常认可我的观点。"[20]

将英国法律体系的要素引入中国的诸多尝试终以失败告终。虽然清朝政府努力提供各类公共产品，例如防务、饥荒救济、商业基础设施（如修建运河）、农业知识推广等，但是其高度集中化的层级制勾勒出的与国民之间的联系相对薄弱。财产权相对于稳定一些，因为（依照西方标准）这方面的税率一直处于较低水平且变化不大，但是中国没有商法典，地方官都主要侧重于文学和哲学方面的学识，而不是去专研法律。他们更倾向于"调和而不是依法做出裁定"，这就将合同强制执行推给了私人网络体系。晚清时期，中国迈入了姗姗来迟的商业社会，但是它却采用了反生产力的做法，对商人征收高额税负，对垄断的同业行会授予权力，却对同业行会或其代理没有加以任何有效约束。结果就是腐败猖獗，经济萎缩。[21]

法律与维多利亚时代

近些年来，对于法律起源假说的批判声音不绝。不容忽视的是，尽管没有实施普通法，现代法国经济的表现却是相当不俗，金融方面也可圈可点。[22]德国和巴西的情况也不无相似。[23]还有一种说法是，普通法系与民法系相比，在例如婴儿死亡率和不平等这类社会福利方面的因变量上的表现还是存在不足。[24]但在我看来，这种理论最薄弱的环节显而易见，应当把英国普通法的作用放在具体的时期来看，也就意味着它的确曾发挥过非常积极的作用——在工业革命时期，英国及其凯尔特邻国地区都曾极大程度地改变了世界经济史的发展进程。下文是对当时英国法庭的生动描述：

> 法庭中应该有几十人……迷迷糊糊地研究一件没完没了的案子，这案子要经历成千上万个阶段，而现在研究其中的一个阶段，他们根据极不可靠的判例，彼此挑眼，深深地钻到一些专门术语里兜圈子，摇晃着戴了羊毛和马鬃做的假发的脑袋，死抠字眼，而且板起面孔，好像演员一样，做出大公无私的样子……在承办这件案子的各式各样的律师中——有两三个是接替父亲承办此案的，他们的父亲都靠此发了财……在一条长长的，铺着席子的井状律师席上……在书记官的红案桌和王室律师穿的绸袍制服中间排成一行，面前摆着起诉书、反起诉书、答辩书、二次答辩书、禁令、宣誓书、争执点、给推事的审查报告、推事的报告等一大堆花费浩大的无聊东西……原来这就是大法官庭……它就这样耗尽了人们的钱财和耐性，荡尽了人们的勇

气和希望；它就这样使人心力交瘁，肝肠寸断；因此在这法院的辩护士当中，那些仁人君子少不了要这样对人告诫——而且一直是这样告诫："纵有天大的冤屈，还是忍受为上，千万不要到这里来！"[25]

也许会有人提出反对意见，认为查尔斯·狄更斯对《荒凉山庄》所在时代的法律社会并未做出完全公平的反映，但狄更斯在入世之初的确曾写过法庭报告。他曾亲眼目睹父亲因为无法偿债而锒铛入狱。他在个人自传中曾证实自己确实言之有物。[26]而且，研究19世纪英国法律制度的历史学家也证明，他的叙述在很大程度上准确可信。

首先，我们必须注意到当时法律体系规模相当之小。直至1854年的时候，英格兰和威尔士一般管辖法院出庭的法官总共才有15名。每年为期两次，每次四周，无论是在伦敦还是在巡回法庭上（在英国主要城市举办），这些法官会均匀分坐在三条长凳上，各自受理案情。这些法官还会每3~4个人分成一小组，受理上诉，然后再组成大组（通常是由7个人构成）受理3~4人小组的上诉。只有7人组的上诉才会被另一个机构（即上院）受理。诚然，下级地方法庭活动日益频繁，后成为经济生活中的聚会所在，但高级法院则不是如此。[27]

其次，直到1855年，对于企业家创建有限责任公司的资格还有着相当严格的法律限制，这是受到垄断企业的倡导者如英国南海公司的影响，这家公司曾破釜沉舟、斩断负累，使得自己的股价一路飙升。直至19世纪 80 年代，在伦敦证券交易所还只有 60 家国内上市公司。这就是普通法对于金融发展所做的贡献。最后，维多利亚工业革命时期最重要的就是铁路部门。最近的研究表明，“英国普通法和普通法的律师曾在铁路问题上产生过深远巨大的负面影响”。律师曾因在铁路股份推广过程中的投机行为而恶名昭著，法官也被公开指责在这一过程中营私舞弊，议会法庭居然也网开一面，为新铁路线的开通所需的法定审批大开绿灯。[28]

我们对此又该作何感想呢？难道历史就是不愿接受法律起源中的这个观点，不认可普通法可以优于所有其他法系吗？其实也不尽然。尽管英国法律体系在工业时代的确存在着明显问题，但是也有确凿证据表明，它的确可以经得起考验，与时俱进，甚至有可能在顺应时代要求的同时，也促进了时代的发展。这一点在 1854 年英国财务法庭的哈德利诉巴克森戴尔案中得到了极好的印证（大西洋两岸的法律系学生对此案都非常熟悉）。本案的原告是英国格洛斯特经营面粉磨坊生意的商人约瑟夫和约拿 · 哈德利，被告是伦敦承运公司皮克福公司的执行董事约瑟夫 · 巴克森戴尔。由于被告拖延了磨坊替换曲轴的交付时间，原告哈德利要求皮克福公司承担全额损失，其中还将耽搁的这几天工作可能带来的利润也包括在内。皮克福公司如今还在运营，但哈德利的城市磨坊已经不复存在，这都可以理解。虽然当地陪审团支持原告哈德利一方，但是伦敦受理上诉的法官驳回原告诉求。美国律师兼法学学者理查德 · 波斯纳认为，哈德利诉巴克森戴尔案中需要我们铭记的原则就是，“由于一方的违约给对方带来损害的风险，但对这种损害风险违约方事先并不知情，如果损害发生，违约方不承担赔偿责任”。[29]

后来，最初受理该案的巡回审判法官罗杰 · 克朗普顿爵士表示，他“从未意识到普通法会随着社会的进步，随着事物的永恒发展进程一并前进，从不停下脚步”。[30] 这当然不会是上诉法官的观点，巴伦 · 阿尔德森、帕克和马丁几位法官用现代评论员般的口吻表示，“合同损害赔偿的主体法律需要重新制定”。阿尔德森法官认为，在合同签订时，“原告告知被告的……唯一的情形”就是他们是经营磨坊的生意人，磨坊的曲轴损坏需要更换，并未另行告知有“特殊情况”，即曲轴如果交付延迟，会导致磨坊停工，造成损失，而且（对于阿尔德森法官而言），“显然会有很多这样的案例，在一般情况下，经营磨坊的生意人通过承运人将损坏的曲轴交付第三方”，在运输期间，因为磨坊通常会存有曲轴的备件，所以不会出现停工及利润损失。[31] 因此，不应在预估损失时将利润损失考虑在内。

恕我直言，相对于小企业，这种判决会对大型企业更为有利，但这不是问题的关键。问题的关键在于，巴伦 · 阿尔德森法官的理论极好地说明了普通法的演化过程。这一点在戈夫勋爵在 1999 年克莱沃特 · 本森公司和林肯市政府案（Kleinwort Benson and Lincoln City Council）中有过明确表述：

当法官对经手的案件进行判决时，他是依照他所理解的法律来

> 进行判断的。如果有的话，他要参考适用法律，还要参考以往司法判决报告中抽取的判例……在判决经手案件的过程中，他时不时可以根据感知的司法公正对普通法加以发展，虽然一般而言，他这仅仅是在“狭缝中造法”……这不仅意味着他必须依照先例原则行事，而且所做出的改变也必须是发展进步，通常这是一种对已有原则的适度发展，因此，可将之普通法的有机组成部分。在这个过程中，英国著名的法律史学家F·W·梅特兰将之称为“无缝隙的网”，而我……则称其为普通法的“马赛克”，可以用于对先例原则这类“法律原则的水泥”不断进行调整和修缮，以实现必要的法律稳定性。[32]

我认为这对普通法系所具备的真正发展特性给出了珍贵的深刻见解。①正是源于此，而不是对待投资人或债权人具体的功能性区别，使得英语国家及其关联国家在经济发展方面具备了优势。

法治的敌人

时过境迁，现在的情况又如何呢？在当今的西方世界，特别是在英语世界中，法治在实践中有着怎样的可取之处呢？我先从4个方面存在的威

① 在我们研究“普通法的精神”的过程中，查尔斯·比尔和我力图详细阐释这一发展演化进程的具体实现过程，尤其关注法律概念在不同时期所发生的变化，而没有像机能主义者施莱弗等人着眼于现在的静态研究方法。

胁入手展开讨论。

第一，我们必须提出一个耳熟能详的问题：国家安全体制已经对我们的公民自由构成了多大程度的影响？这一过程其实可以追溯到近100年前第一次世界大战爆发，以及美国于1914年通过的《领土防御法》。在2001年9月11日之后对扣押恐怖分子嫌疑人的讨论也是如出一辙。结果无外乎是在人身保护令和数百人的伤亡之间进行抉择。

第二个威胁非常明显，即具有民法特征的欧洲法的介入对于英国法系的影响，特别是1953年生效的《欧洲保障人权和基本自由公约》对英国法律所产生的深远影响。这可以被视为拿破仑的报复：普通法被逐步实现"法兰西化"。

第三个威胁是成文法的日益复杂（繁冗拖沓），这在大西洋两岸都是一个严峻的问题，对法律法规的过度解析病态地通过政治课四处传播。这里，我同意美国法学批评家菲利普·K·霍华德的观点，我们需要对过时落后的立法内容，对新法律中日益广泛使用的日落条款（有效期限），进行"法律春季大扫除"。[33] 我们需要设法说服立法者，他们的职责并非为经济撰写一本"使用说明书"，事无巨细，要把有关健康和安全数不胜数的最微小风险都要尽数列出。[34]

第四个威胁在美国尤为明显，就是法律成本的飙升。我并不是指美国联邦政府每年斥资945亿美元用于立法、法律解释、法律执行等方面。[35] 也不是指企业游说费用的扶摇直上，这些费用企业用来保护自己或伤及竞争对手，试图左右立法，使其有利于自己。1.3 万名游说者共计近 33 亿美元的花费，就其本身也并非一笔太大的费用。[36] 真正可观的是因他们所作所为而产生的后果，即每年近 1.75 万亿美元的开支（这来自《美国中小企业管理局报告》）所提供的数据，都是依照法律法规的要求而生出的额外成本。[37] 这其中最大的一笔开销 8 650 亿美元有关美国侵权法，较之英国，它赋予诉讼人更广泛的权力，就“故意或过失造成损害、伤害或非法的行为，或虽未违反协议，但涉及严重责任，可以引起民事诉讼”等行为进行索赔。据美国太平洋研究所的《中奖司法》（*Jackpot Justice*）一书研究估算，侵权体系的耗费相当于消费税的 8% 或工资所得税的 13%。[38] 每天有高达 7 800 例新增侵权案例，所产生的直接成本是 2003 年美国 GDP 的 2.2% 以上，这与除意大利之外的其他任何发达国家相比，都是可比数据的两倍以上。[39] 有人可能会对这些数据有所质疑，当然，法定权益代言人对此会持反对意见。[40] 但从我个人的经历中可以窥其一斑：在美国新英格兰开办一家企业所需的律师数量和法律费用，要比英国高出很多。

哈佛法学院教授戴维 · 肯尼迪和诺贝尔经济学奖获得者哥伦比亚大学约瑟夫 · 斯蒂格利茨教授合著的一本著作即将问世，内容有关美国法律历程对中国的借鉴作用，其中援引了当今美国法治体系中的三个严重漏洞：

> 1. 当前“法律允许金融企业参与掠夺性贷款，辅之以新的破产

法，于是催生出新的一族——准契约奴，这些人不得不在余生中将其收入高达25%的部分交给银行”。

2. 依照当前的知识产权法规定，基因专利“所有人”表示，很可能会就乳腺癌所做的每个化验都收取大量费用，导致化验费高昂，那就意味着没有参加医疗保险的患者基本无缘此类化验。

3. 依照当前关于有毒废物的法律规定，诉讼费用会超过清理废物费用的1/4以上。[41]

在斯蒂格利茨看来，这些说明了问题在于法律仅仅就产权作了规定，把余下的工作留给了市场。而我认为，应该从更广的角度看待这些问题，即立法被操纵、内容过于复杂，以及侵权被滥用等。

研究经济竞争力的专家，如哈佛大学商学院著名教授迈克尔·波特，从几方面进行了界定：政府通过有效法律的能力、保护实体产权和知识产权的权利、腐败水平、法律架构的效率，具体包括适度成本和快速裁决、创建新企业的容易度、法律法规效能和可预见性等。[42] 从这些标准进行考量，就会发现美国的表现是何等不足。在2011年的一项调查中，波特教授和同事请哈佛商学院校友对607项是否需要离岸工作的决定进行选择。美国仅仅保留了96项业务（占总数的16%），而其他业务均已流失。当问及为何青睐国外的工作地时，调查对象列出了在他们看来美国已经远远落后于世界其他地方的若干理由。其中名列前茅的十大理由中包括：

1. 政治体系效能。

2. 税务法规的复杂度。

3. 监管管制。

4. 法律架构的效率。

5. 聘用和解聘员工的灵活性。[43]

……

有证据表明，美国在一定程度上正在经历着制度竞争力的丧失，这不仅从波特教授最近的研究结果中可以看出，世界经济论坛的全球竞争力指数，特别是部分基于高管意见调查报告的调查结果，也表明了这一点。调查包括 15 项法治的内容，包括私有财产权保护、警察腐败、有组织犯罪的控制等。令人吃惊的是，在这 15 项问题中，美国每一项的分值都远远低于中国香港，这一切却鲜为人知。中国台湾在 15 项调查中有 9 项的分值高于美国，就连中国大陆也有两项的分值优于美国。美国仅仅在一项指标上可以位于全球 20 强之列。在其他指标上，美国可谓名誉扫地。[44] 在美国传统基金会推出的自由指数中，在免于贪腐自由度一项下，美国在世界上的排名位居第 21 位，远远落后于中国香港和新加坡。[45]

诚然，这些研究结果在很大程度上取决于调查数据，具有一定主观性。但是根据更为客观的标准进行的其他研究，也可得出类似结论。例如，国际金融公司就经商容易度的研究数据，也得出了类似结果。以缴纳税款的容易度为例，美国在世界上列在第 72 位，受理施工许可证方面排在第 17 位，登记资产名列第 16 位，处理资不抵债方面列在第 15 位，开办企业的便利度位列第 13 位。[46] 在世界正义工程 2011 年法治指数中，接近民事正义一项下包含了 66 个国家，美国排名第 21 位；在刑事审判效能一项下，美国是第 20 位；在基本权利方面，美国是第 19 位；在免于贪腐方面是第 17 位；在限制政府权力方面是第 16 位；在监管执行方面是第 15 位；在秩序和安全方面是第 13 位；在政府开放度方面是第 12 位。[47]

也许，世界银行的世界治理指数最具说服力，其中表明自 1996 年以来，美国治理在以下 4 个方面出现质量下滑：政府责任、效能、监管质量和控制腐败（见图 3.1）。[48] 与德国和中国香港相比，美国明显落在后面。这个现象本身就不同凡响，而更值得注意的是，对这一切的发生美国人自己几乎一无所知。不过，些许值得欣慰的是，英国在制度质量方面并未出现同样的下滑。

世界范围的法律改革

如果广义而言，法治在美国出现衰退，那么在其他地方是否有所改观呢？我已经提及了中国香港制度质量的大幅改善，无独有偶，所有发展中国家都在抓住时机，通过改革法律和行政体系，提高自身对内资和外资的吸引力，并加快发展速度。世界银行在记录这类改革进展方面功不可没。

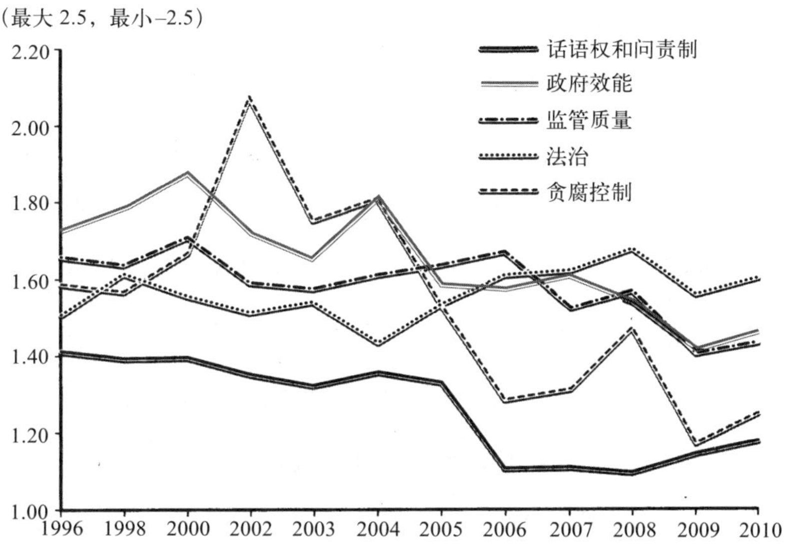

图 3.1　美国监理质量预估图（1996~2010 年）

资料来源：www.govindicators.org

我最近接触到世界银行的宝库——世界发展指标数据库，以了解在非洲国家中，有哪些国家在下列方面成绩斐然：

1. 公共管理质量。
2. 商业监管环境。
3. 财产权和规则型治理。
4. 公共部门管理和机构。
5. 公共部门的透明、问责及腐败。

在名列前 20 位的发展中经济体中，在上述 4 项以上都榜上有名的国家包括：布基纳法索、加纳、马拉维和卢旺达。

从另一角度，我还查阅了国际金融公司自2006年以来的《全球经商环境报告》，针对发展中国家完成6个环节手续所需时间发生的最大幅度削减进行研究，这6个环节手续包括：开办企业、获取施工许可证、注册资产、缴纳税款、进口货物及合同执行。[49] 在非洲成绩斐然的国家中，依照所取得成绩的大小排序依次是：尼日利亚、冈比亚、毛里求斯、博茨瓦纳和布隆迪。其他已然步入正轨的新兴市场还有克罗地亚、马来西亚、伊朗、阿塞拜疆、马来西亚和秘鲁（见图3.2）。①

保罗·科里尔等发展经济学家发现，在贫穷国家中建立法治体制，主要要经历4个阶段。第一阶段不可或缺，即减少暴力。第二阶段是保护财产权。第三阶段是对政府进行制度审查。第四阶段则是防止公共部门出现腐败。[50] 有趣的是，这俨然就是英国内战后历史的浓缩版本，从光荣革命到19世纪诺思科特-特里维廉的行政改革，尽在其中。

相比之下，尽管不具备理想的法律体制，也没有在此方面取得太大改善，可是中国也取得了惊人的增长。新制度经济学的追随者们试图为这种不合乎理论规则的现象做出解释。而无论对此作何解释，很多学者，特别是最近的詹姆斯·罗宾逊和达龙·埃斯莫格卢，都认为如果中国现在不进行法治转型，那么就会出现制度限制的天花板，束缚其未来的增长。[51] 这也是很多中国法律活动人士的观点，其中也包括（我们已经谈到过的）

① 这里提到了伊朗，但是对这类数据的使用需要审慎。

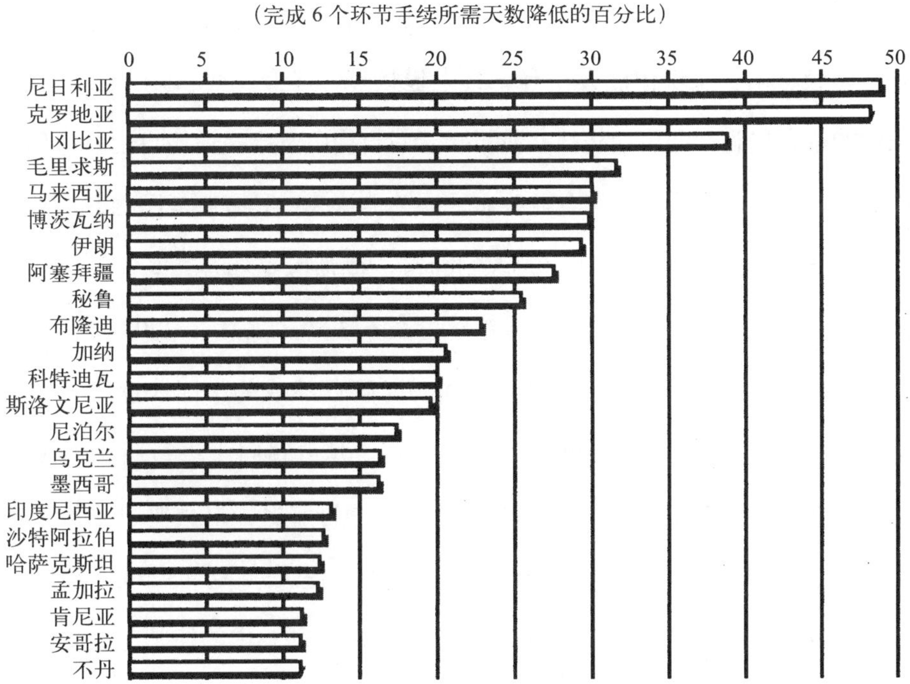

图 3.2　2006~2012 年经商容易度改善情况比较

资料来源：国际金融公司，《全球经商环境报告》（*Doing Business*）

陈光诚。他们的观点无可厚非。

研究表明，在 20 世纪 90 年代中期，在中国执行民事和经济审判，平均 60% 是在基层法院进行，50% 是在中级法院进行，40% 是在省级以上的法院进行，这就意味着大约半数的中国法院裁决不过是一纸空文。这类合同纠纷很可能会涉及大量欠债，即便是官方统计数据也表明，涉案的银行和国有企业的平均执行率不过区区 12%。[52] 多年以来，贺卫方都在忙于奔走，目的是为了实现司法独立、全国人民代表大会问责制，特别是关于税收、出版自由、实现依法办事等，其中包括《中华人民共和国宪法》第35条中的个人权利（即包括结社、游行、示威自由以及宗教信仰自由）也要落在实处。他还倾向于将国有企业改制，因为他认为“私有制是民法的基础”。

对于我们生长在西方社会的人们而言，律师似乎都有其既定利益，遇到以彻底改变为目标的律师，难免有些难以理解。虽然在2007年，中国律师的数量仅为15万人，但是，中国的律师已然成为中国快速发展的公众环境中一支关键力量。调查表明，他们“非常倾向于进行政治改革”，一个中国河南省的律师曾说：“法治要以民主为前提，权利要以法治为前提，维权要以权利为前提，律师要以维权为前提。”[53]这可以使人清晰想起，曾几何时，英语世界（包括南亚的反殖民运动）中的律师就是处在改革前沿的风口浪尖。

中国国家发展与改革委员会学术委员会秘书长张延生2012年6月在深圳所作的一次演讲中表示，“我们应该将改革转到法治的道路上来”，并补充道：“如果不进行改革，中国就会遇到大的麻烦，大的问题。”[54]贺卫方有着充分理由告诫大家，不要对英美法系盲目模仿。莎士比亚的《仲夏夜之梦》有一段有趣的旁白，贺卫方在这段旁白边上写道：“一个角色变成了驴子，他的伙伴喊道，‘天哪！你变啦！’将西方法律体系引入中国也是如此。”把普通法照搬成中文，就像这个变成驴子的剧中角色波特，甚至更糟。[55]

律师之治

正如政治社会中的人类蜂巢或市场经济的狩猎场，法律环境是我们生活所在的制度背景的有机组成部分；亦如自然界的环境风景，法律环境也是有机体，处于缓慢演化的历史进程，是司法生态环境的产物。但同时，它在著名建筑设计师“万能的布朗”这样的能工巧匠看来，可以有着不断提高改善的空间。它还可以是不堪推敲的，甚至就是根据乌托邦式设计仓促上阵，在荒芜沙漠上修建的空中楼阁。可以把它设想成位于英国的东方园林，或是置于东方的英式花园，可以是多么美轮美奂，令人流连忘返。但是跨界移植也有着自己的限度，不可随便妄为。

经过自然的洗礼，一度苍翠欲滴的风景也会变得满目荒芜。美国著名经济学家曼瑟尔·奥尔森曾这样认为，久经时日，所有政治体制都可能会发生僵化，这主要是因为有组织的利益集团的寻租活动使然。[56]也许，这就是如今美国社会的写照。美国曾一度因其社会制度为世界设立标准而引以为豪；美国社会曾经被当作法治社会的化身。但是现在我们看到的却是律师之治，这其中就有了差异和不同。在美国国会中，律师不胜枚举，这当然不是纯属巧合。在美国参议院中，律师的数量的确已经低于20世纪70年代早期51%的峰值，但也仍有37%之多。同样，在美国的众议院，律师所占比率已经低于20世纪60年代早期43%的峰值，但也还占据24%的份额，这要比英国下院所对应的14%高出很多。[57]

奥尔森还称，有时需要外部力量的猛烈冲击和无情荡涤，比如战争失利，将裙带关系和腐败乱象这些残渣余孽一扫而空，这样才能让法治返璞归真，回归英国大法官汤姆 · 宾厄姆和法理学家罗纳德 · 德沃金所理解的法治本真。我们势必会热切期盼美国不要经历这般痛苦的涅槃才能浴火重生。但是正如前文所述，在立法机构、监管机构以及法律体系内部，既然已经出现如此之多的败笔，那么这些体系内部的改革究竟该如何推进?

我将在下一章也就是本书的最后一章中，探讨这个问题的答案，无论是英语国家还是汉语国家，改革都应来自公共机构范畴之外，改革必须出自公民社会的协会组织当中。简言之，改革势必将出自我们，出自公民之中。

第四章

THE GREAT DEGENERATION

社会文明与野蛮

改革势必将出自我们，出自公民之中。

清理海滩与自愿组织制度

大约10年前，我在南威尔士的海岸边，购置了一套宅院。在嶙峋而多风的大西洋海岸线上，那里的高尔夫球场总是被雨水浸泡。透过蒙蒙细雨，可以看到工业时代的伟大遗迹和青山翠谷的层峦叠嶂，这让我不由得追忆往昔，想起我在艾尔郡的那些成长岁月，那里只是稍稍暖和一些，那里更靠近伦敦的希思罗机场，那里还有一支橄榄球队，屡屡让英格兰队吃尽苦头。

我的宅子就傍海而居，但也有点小麻烦。屋外美丽的海岸线上总是撒满垃圾，令人不快。在沙石中间，星星点点散布的塑料瓶有成千上万之多，野生苏格兰蔷薇的荆刺勾住的塑料袋在迎风招摇。啤酒和软饮料罐躺在沙丘里，薯片包随波逐浪，仿佛是不透明水母，令人生厌。

这些东西都是从哪里来的？有些显然是当地的年轻人顺手丢弃，他们似乎毫不在乎自己的所作所为会为父辈们赖以生存的自然美景带来污点。但是更多的垃圾似乎就是从海上而来。我于是开始阅读有关禁止离岸排放垃圾的内容，发现这的确是在政府、监管者或法律的掌控之外，这令我的恐惧与日俱增。与垃圾填埋场不同，大海就是免费的垃圾场。而且不像早先扔的垃圾，如今的塑料废物既不会生物降解，也不会沉入海底。于是就只能随波逐流，顺着海风和潮汐，四处漂流。不幸的是，布里斯托尔海峡的自然条件就使得北大西洋的大量垃圾堆到了我家后院。

我备感沮丧，询问当地海岸卫生工作的负责人，这该怎么处理。结果被告知“这应该归委员会管理，就在那边。不过他们根本什么都不管，难道不是吗”。这里我看到的不是《牛奶树下》[①]的场景，而是被困在“牛奶包装盒下”，无人理睬。我简直气急败坏，于是仿佛有患上了强迫症的征兆，我只要出门散步，就会拎上个黑色垃圾袋，四处搜集垃圾。但是这活计远不是一个人的力量可以完成的。

于是就有了后面的故事。我找来志愿者帮忙，具体做法非常简单，就是来帮我把这里收拾出个模样，我可以负责提供午餐。第一次海滩大扫除还算不错，来了大概八九个人，但并不是人人都积极干活，怕是担心把手弄脏，或是弄得腰酸背疼。但第二次情况就又好了很多。那天居然是艳阳高照，这在当地可是难得的好天气。

① 《牛奶树下》，英国喜剧电影名，片中把威尔士小镇风情以欧洲闹剧的方式描摹一番。——译者注

但是后来，狮子会[1]在当地的分支机构也参与其中，由此带来很大的转机。我以前从未听说过狮子会，只知道这原本是一家美国机构，与扶轮社不无相似，二者都是在大约一个世纪以前，由美国芝加哥企业家发起的，都有着世俗网络，其成员都会投入时间参与各项公益活动。狮子会带来了有效的组织，活动动机也远超出我当初的即兴而为。有了他们的参与，海岸线的状况得到完全改观。收集起来的塑料瓶均得以妥善处置，原本挂满破破烂烂聚乙烯包装袋的苏格兰蔷薇也恢复了原貌。现在，越来越多的当地人和观光客愿意在海岸边的小路散步，我们工作的成绩由此可见一斑。

这次威尔士的经历让我领教了志愿组织制度的力量，大家完全是自发行为，无须公共部门的介入，没有利益驱使，不存在法律义务，不必借助权力力量，我们将令人无法忍受的垃圾场变为风景如画的好去处。如今，每当我去海边游泳时，就会不禁自问：还有多少问题可以通过这种简单却有效的方法得以解决？

在前几章中，我曾打开几个紧闭的长条黑匣子，即分别标着“民主”、“资本主义”和“法治”的三个匣子。在这最后一章中，我将打开标有“公民社会”字样的黑匣子。我想问的是：当这类我们一度习以为常的活跃的民间组织偃旗息鼓时，我们距离自由社会的繁荣梦想有多远？在我看

① 狮子会（Lions Club）全称为“狮子俱乐部国际协会”，是世界最大的服务组织。——译者注

来，公民社会的对立面是不文明社会，不文明社会中的反社会行为问题甚至可以成为国家的问题。有观点认为新兴的互联网社交网络可以完全替代这类真实人际网络的社团的作用，但正是后者帮我解决了当地海滩的卫生问题，故此我对这种观点心存疑虑。

社会资本的兴衰

19 世纪最敏锐的资产阶级思想家之一亚里克西斯 · 德 · 托克维尔在他的经典著作《论美国的民主》上卷中称：

> 美国是世界上最便于组党结社和把这一强大手段用于多种多样目的的国家。
>
> 除了依法以乡、镇、市、县为名建立的常设社团以外，还有许多必须根据个人的自愿原则建立和发展的社团。
>
> 美国的居民从小就知道必须依靠自己去克服生活的困难。他们对社会的主管当局投以不信任和怀疑的眼光，只在迫不得已的时候才向它求援……在美国，为促进公安、商业、工业、道德和宗教，也建有社团。人们的愿望一定会通过私人组织的强大集体的自由活动得到满足。[1]

托克维尔认为美国的政治社团是现代民主社会中反对多数专政不可或

缺的平衡手段，但是令他真正着迷的是非政治社团的存在：

> 美国人不论年龄多大，不论处于什么地位，不论志趣是什么，无不时时在组织社团。在美国，不仅有人人都可以组织的工商团体，还有其他成千上万的团体。既有宗教团体，也有道德团体；既有十分认真的团体，也有非常无聊的团体；既有非常一般的团体，也有非常特殊的团体；既有规模庞大的团体，也有规模甚小的团体。为了举行庆典，创办神学院，开设旅店，建立教堂，销售图书，向边远地区派遣教士，美国人都要组织一个团体。他们也用这种办法设立医院、监狱和学校。最后，在想传播某一真理，或以示范的办法感化人的时候，他们也要组织一个团体。[2]

托克维尔有过一段著名的文字，他将美国人结社反对酗酒与他所在的法国处理社会问题的方法进行了有趣的比较，称“如果这 10 万人（美国禁酒协会会员）是法国的居民，只要他们每人都向政府申请”，要求政府向王国境内的所有酒馆下令禁酒就可以了。[3]

托克维尔并没有对 19 世纪美国人对志愿社团的钟爱程度进行夸张。历史学家马文 · 欧拉斯基曾给出一个简单的事例，在 20 世纪之初，仅仅布朗克斯区和曼哈顿的 112 家基督教新教教堂附属协会所负责的工作，就涉及了 48 所工业学校、45 家图书馆或阅览室、44 家缝纫学校、40 家幼儿园、29 家储蓄银行和贷款协会、21 家职业介绍所、20 家健身房和游泳池、8家医疗卫生机构、7家全天幼儿园、4间宿舍等。上述这些还没有将罗马天主教、犹太教以及世俗性志愿协会组织考虑在内，而这些组织的数量也相当巨大。[4]欧洲大陆的情况则截然不同，托克维尔也注意到了这一点。爱德华·班菲尔德在他的著作《落后社会的道德基础》中，他将意大利南部小镇蒙特格拉纳罗的“非伦理家庭主义”与美国犹他州圣乔治的丰富社团生活进行了比较。两地有着相同的地理和气候条件，但是制度方面却截然不同。在蒙特格拉纳罗只有一家协会，就是个有着25名上层会员的扑克俱乐部。这里还有一家孤儿院，是由一个老修道院的修女会在照料打理，而当地百姓完全不会插手这儿的烂摊子。[5]

正像托克维尔所担心的，美国社会早期所出现的社团蒸蒸日上的局面果然一去不返。在罗伯特·普特南的畅销书《独自打保龄》中，他将20世纪60或70年代以及90年代晚期所发生的巨变作了详尽的描述，并列出了影响“社会资本”的若干指标：

- 城镇或学校事务的公开集会参与度：下降35%。
- 作为俱乐部或机构的工作人员提供服务的比例：下降42%。
- 为当地组织的委员会提供服务的比例：下降39%。
- 教师家长会的成员人数：下降61%。
- 全国32家有章程的协会的平均成员人数：下降近50%。
- 男子保龄俱乐部的成员人数：下降73%。[6]

正如社会学家西达·斯考切波在她2003年的研究报告《被贬低的民主》中所述，厄尔克斯俱乐部、麋鹿俱乐部、扶轮社以及帮过我的狮子会等，这些曾将各收入阶层、各社会阶层的美国人聚集在一起的各类社团，如今已然江河日下。[7] 无独有偶（尽管思想根源不同），查尔斯·莫雷在其2012年的优秀新书《分道扬镳的社会》中也表示，工薪阶层在宗教和世俗社团生活中出现的断层，是如今美国社会停滞以及不平等加剧的主要动因之一。[8]

如果，美国公民社会已然衰退至此，欧洲社会的希望又在何处呢？普特南的所谓社会资本衰退“定律”似乎也有例外，英国就是一例。与美国相仿，英国在19世纪也经历了一段社团生活的黄金岁月，按照历史学家G·M·特里维廉的话说，在“这段时期中，英国工会、商业合作社、互助会、俱乐部联合会、管理委员会、委员会、临时委员会等出于慈善和文化目的建立的各类组织层出不穷”。特里维廉戏称，“就连哑巴牲口都没有落下，也成立了自己的组织”。[9] 1911年，注册的慈善机构全年总收入超出了根据《济贫法》所作的国家公共支出的数量。[10] 慈善机构在1871年到1945年所确定的绝对案例数量惊人得保持恒定不变。[11] 素有“福利国家之父”之称的英国经济学家威廉·贝弗里奇所提议的国家保险和医疗集中管理体系的实施，极大程度上改变了很多英国“友爱合作社”的作用，使之或是转化为政府福利机构，或是逐渐淡出历史舞台。[12] 但是在其他方面，英国社团生活依然活跃。在20世纪50年代，社会学家对英国志愿机构的网络生命力深有感触。彼得 · 霍尔通过研究发现，这些网络在20 世纪 80 年代还依然健在，只是一些传统的妇女组织、部分青年组织和红十字会这类服务机构在成员人数方面出现下滑。[13]

但若是细心观察，所谓志愿机构的网络生命力还是存在问题。1875 年至 2001 年的友爱合作社的注册办公室报告，可以帮我们看到友爱合作社（例如工人俱乐部）、工业和节俭协会（例如互助会）以及住宅建筑互助协会（互助存款和按揭贷款协会）这些组织在相当长的历史时期内的会员和入会率情况。按照绝对值计算，这类社团的数量在 1914 年达到峰值（36 010 个），会员数在 1908 年达到顶点（3 380 万人），当时英国的总人口不过才刚刚超过 4 400 万。相比之下，在 2001 年，英国只有 12 000 个社团。只有 9 000 个工业和节俭协会的会员数据可查，总数达到 1 050 万人，而当年的英国总人口为 5 970 万人。[14] 曼彻斯特联合共济会是一个伞式组织的友爱合作社，在 1899 年时拥有 71.3 万会员，而如今仅为 23 万会员。[15] 此外，世界价值观调查所作的比较研究表明，在国际志愿社团表中，英国已从第 9 位跌至第 12 位，而愿意加入一个以上志愿社团的人口比例，也从 1981 年的 52% 降至 1991 年的 43%。[16] 最新的调查数据显示出这方面进一步下滑的趋势（见图 4.1），确实证明与美国相比，越来越多的英国人士加入了“独自打保龄”的行列。

英国“社会资本”近些年明显出现加速下降的势头。不仅政治团体和工会的成员人数大幅降低，即便是那些有着悠久历史的慈善机构，其成员

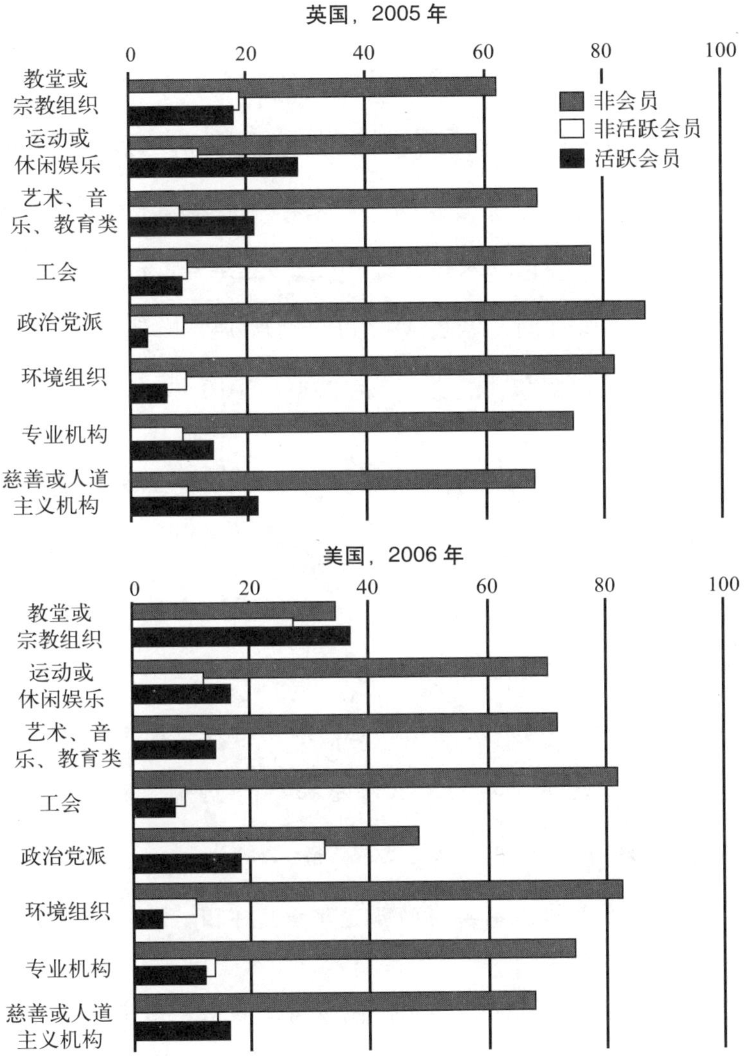

图 4.1　2005~2006 年英美两国志愿者组织成员人数比较图

资料来源：世界价值观调查协会发表的《世界价值观调查，1981~2008》，官方汇总 v.20090902 （2009）

参考链接：http://www.wvsevsdb.com/wvs/WVSIntegratedEVSWVSvariables.jsp?Idioma=I

人数也在“大量减少”。2007 年各类组织的成员人数较 1997 年也有所降低。更值得关注的是，英国志愿者组织全国理事会的数据显示，“仅仅 8% 的人口提供了将近半数的志愿时间”。[17] 慈善捐款的趋势也大体相仿。虽然平均捐款出现上升势头，但是参与慈善的家庭数量自 1978 年起就开始下降，而且 1/3 以上的捐款来自 65 岁以上的老年人，这一数字在 30 年前还不足 1/4（在同一时期，老龄人口的比例从 14% 增至 17%）。[18] 英国公民调查最后公开的数据令人沮丧。[19] 在 2009~2010 年：

- 仅有 1/10 的人会参与决策地方服务或提供这类服务（例如，成为校董会委员或治安官）。
- 仅有 1/4 的人每月参与至少一种正式的志愿活动（其中最常见的是组织或帮助执行志愿活动，多为运动会，或参与为某人筹款等）。
- 每月至少参与一次非正式志愿活动的人口比例（例如对老年邻居予以帮助）从上一年的 35% 降至如今的 29%。每年至少提供一次非正式帮助的人口比例也从 62% 降至 54%。
- 自 2005 年起，慈善捐助就逐年出现下滑。

究竟是什么导致了这样的局面？在普特南看来，这主要在于新技术的出现，首先是电视，继而是互联网，导致美国的传统社团生活不复存在。但是我却持不同观点。Facebook 及其 ilk 功能创建的社交网络规模虽然浩大，但是非常脆弱。Facebook 有着整整 9 亿活动用户，这是 4 年前的 9 倍之多，Facebook这一超级网络工具可以帮助志同道合的人们在网上自由交换各种意见。也许正如谷歌执行董事长埃里克·施密特和前美国国务院官员现任谷歌智库部门负责人贾里德·科恩所称，这样的信息交换的确将产生革命性的后果，即便谷歌或Facebook在“阿拉伯之春”这样的民众运动中是否发挥了决定性作用还尚无定论也是如此。[20]（毕竟，利比亚民众对卡扎菲所做的并非仅仅是“删除好友”。）但是，令我非常质疑的是，在线社区是否真能取代传统的社团形式。

我在Facebook上“猛戳”好友或是建立Facebook小组，就可以把海滩清理干净吗？我表示怀疑。2007年的研究结果表明，很多人通常是因为朋友不再住在附近，无法经常见面，才会选择Facebook来维系与已有好友的关系。接受调查的学生中，出于这种目的使用Facebook的人要比与陌生人建立联系的多出两倍半，而当我需要有人帮忙清理海滩时，可都是在和陌生人打交道。[21]

并非是因为新技术的出现才吞噬了我们的公民社会。这一点托克维尔在他的《论美国的民主》一书中早有预见，这也许是书中最为铿锵有力的段落。在书中，他生动描述了缺失社团生活后的未来社会的景象：

> 我认为，到那时候将出现无数相同而平等的人，整天为追逐他们心中所想的小小的庸俗享乐而奔波。他们每个人都离群索居，对他人的命运漠不关心。在他们看来。他们的子女和亲友就是整个人类。至

于其他同类，即使站在他们的身旁，他们也不屑一顾。他们虽与这些人接触，但却好像感觉不到这些人的存在。每个人都独自生存，并且只是为了自己而生存……

在这样的一群人之上，有一个只负责保证他们的享乐和照顾他们一生的权力极大的监护性当局。这个当局的权威是绝对的，无微不至的，极其认真的，很有预见的，而且是十分和善的。如果说它是一种父权，以教导人如何长大成人为目的，那它最像父权不过了。但它并非如此，而只是以把人永远看成孩子为目的……

统治者这样把每个人都置于自己的权力之下，并按照自己的想法把他们塑造成型之后，便将手伸向全社会了……他用一张有详尽的、细微的、全面的和划一的规则的密网盖住社会，最具独创精神和最有坚强意志的人也不能冲破这张网……它并不践踏人的意志，但它软化、驯服和指挥人的意志。它不强迫人行动，但却不断妨碍人行动。它什么也不破坏，只是阻止新生事物。它不实行暴政，但限制和压制人，使人精神萎靡、意志消沉、麻木不仁，最后使全体人民变成一群胆小而只会干活的牲畜，而政府则是牧人。[22]

托克维尔完全正确，不是新技术而是国家造成了这种局面，伴随着从摇篮到坟墓的终身福利制度这种诱人承诺，国家成为公民社会的真正敌人。在他笔下，他记录并谴责了这样一些做法，如“政府……来替代美国那些规模庞大的社团的作用”。

> 但是，美国人日常依靠社团进行的那些数量甚大而规模却很小的事业，要由哪个政府去代替办理呢……政府当局越是取代社团的地位，私人就越是不想联合，而越要依靠政府当局的援助……
>
> 如果一个民主国家的政府到处都代替社团，那么，这个国家在道德和知识方面发生的危险将不会低于它在工商业方面发生的危险。
>
> 人只有在相互作用之下，才能使自己的情感和思想焕然一新，才能开阔自己的胸怀，才能发挥自己的才智。[23]

这绝对是金玉良言，千真万确！

私立学校与民主社会

来验证一下这位法国老者托克维尔的睿智吧，大家扪心自问：你参加了多少俱乐部组织呢？就我个人而言，我在伦敦加入了三家俱乐部——一家在牛津，一家在纽约，一家在马萨诸塞的剑桥。可惜我不是活跃的会员，但是我会足额缴纳会费，每年也会用几次运动设备、就餐设施以及贵宾室等。虽然次数并不是很频繁，但也会定期做两次慈善活动。我还加入了一家健身协会，并且支持一个足球俱乐部。

我在年轻时参加的几大教育院校校友会，包括格拉斯哥学院和牛津大学莫德林学院，我恐怕是其中最活跃的一分子。在我的子女就读的学校以及我任教的大学中，我也会固定拿出些时间参加活动。随后我会解释自己青睐这些独立①教育机构的原因。

我接下来陈述的观点与时尚格格不入。在英国《卫报》主办的一次午宴上，当我表示，“在我看来，英国如今最好的学校莫过于这些独立学府”时，听众一片哗然。（毋庸置疑，那些最为惊讶的听众势必都曾就读于这些学府。）在英国，我希望能普遍采用的教育政策就是努力大幅提升私立教育机构的学生人数，与此同时，要建立教育券计划、助学金计划和奖学金计划，以便大量低收入家庭的儿童也可入学接受教育。

诚然，这会让左派人士认为是“精英主义”的做法，而条件反射似的加以反对。即便是像乔治 · 沃尔登这样的保守党人士，也认为出于不平等性的考虑，应该把私立学校作为不良机构予以取缔。接下来，我会解释为何这种观点大错特错。

在大约100年前，公立教育的扩大的确可圈可点。经济学家彼得 · 林德特（Peter Lindert）就曾指出，托克维尔的理论并不适用于学校，因为在1852年后，正是美国这样的国家率先将地方税收用于普及义务教育。几乎无一例外的是，世界各地扩大的选民范围使得类似的普及义务教育得到迅速推广。这在经济上意义非凡，因为普及教育的回报相当之

① 严格意义上，莫德林学院隶属于国立大学，政府时不时会质疑其是否是独立学校。但是该校的确保留着独立身份，并设有自己的基金。

高：能写会算的人可以成为更具生产能力的工人。[24]但是我们需要意识到教育的公共垄断存在局限，特别是对公民识字率早已达标的社会更是如此。公共垄断的教育机构需要面临任何垄断提供方都无法避免的问题，即由于竞争的缺失导致质量下滑，以及“生产者”对既得利益不断膨胀的权力欲望。无论在观念上存在着怎样的偏见，我们必须承认，在世界范围内，私立教育机构在设定并提高教育水准等方面发挥着关键性作用，这一点毋庸置疑。

我无意让私立学校与公立学校一争高下。我其实是对二者都表示支持，因为较之垄断，我更倾向于“生物多样性”的选择。公立和私立教育机构的有机组合，有利于形成有序竞争和创优争先。美国大学是在日益全球化的竞争体系中进行运作，所以才能在世界排名中名列前茅，在上海交通大学所做的世界大学排名前 30 强名单中，美国大学占了 22 个席位。而处于本地化垄断体系的美国中学教育则成绩不佳，在 2009 年公布的学生能力国际评估项目研究报告中，15 岁青少年的数学水平就完全说明了这一点。如果马塞诸塞州或联邦政府将哈佛变为国立大学，那么哈佛还能称为哈佛吗？答案不言而喻。

英国实行的则是一套完全不同的体系：各大院校主要是归政府资助的国家高等教育服务机构分管，虽然英格兰和威尔士院校的最高收费低于最好院校应收取的费用水平，然而，在中等教育方面，还是活跃着收费不受限制的独立办学领域。结果何如呢？除了少数已有自己的资源与/或声誉的精英院校之外，大部分英国大学都处于危机之中。《泰晤士高等教育增刊》推出的最新全球 50 所名校当中，仅有 7 所英国大学榜上有名。但是，有不少英国中学在世界范围中处于领先位置。

需要对传统公立教育进行反思，特别需要关注的一点是：在提供“免费”且质量平平的公立教育的同时，还要积极发展真正优质的私立教育体系（因为如果教育水平仅仅略高于免费教育的话，愿意每年支付 1~3 万英镑的学费选择私立学校的人势必会少之又少）。[25]

颇具讽刺意味的是，在本书成书之际，负责制定政策解决英国公立教育水平偏低这一问题的却是一名苏格兰人。英国教育大臣迈克尔 · 戈夫受到毕业于牛津大学费蒂斯学院的年轻首相托尼 · 布莱尔的启发，即将经营不善的公立学校改制为私立学校。仅仅 2010~2012 年这两年间，私立学校数量就从 200 所增至所有中学数量的将近半数。如位于伦敦哈克尼的莫斯伯恩学院或位于斯托克韦尔的大型小学杜兰德专科学校，为我们充分展示了即便是在贫困地区，只要当地政府不再过分干预，私立办学也可取得卓越的成绩。[26] 新出现的“自主学校”则更进一步，这些学校由家长、教师等自主创建，托比 · 杨就是其中之一，他最终找到了一种既可广交朋友也能桃李天下的教育方法。[27] 值得注意的是，这些学校并非选择性入学，而且仍然由国家出资，但是其更高的自主性有助于快速提升纪律和教学的水平。

英国有很多左派人士对于这种教育进步不屑一顾。（很多工党议员完全否认私立办学的概念。）但是，这的确代表了全球趋势。在世界范围内，很多明智的国家都在逐渐淘汰国立教育一家独大的过时模式，而是允许公民社会重回教育领域，这一点名至实归。

很多人误以为斯堪的纳维亚国家是传统福利国家的理想代表。实际上，只有芬兰还在严格实施对教育的国家垄断，并取得了成功，这使得芬兰并不适用于我的理论。与之相反，瑞典和丹麦在教育改革方面已经走在了前列。由于实施了大胆的去中心化和教育券计划，瑞典的独立学校数量出现了激增。丹麦的“免费”学校是独立运营的，政府会为每个学生提供奖学金，而如果要求合理，校方另行收取费用或以其他方式集资也完全可行。（类似的改革所取得的成果就是现在约有 2/3 的丹麦学生就读于独立学校。）[28]

如今，在美国，有 2 000 多所特许公立学校，这与英国的私立专科学校有几分相似，都是采用公立办学、独立运营的模式，这为美国最贫困的城区将近 200 万家庭提供了教育机会。同时，成功学院（Success Academy）这类机构还不得不忍受来自美国教师工会的恶意中伤和诽谤，仅仅是因为特许学校在表现和成绩等方面对其他公立学校的不良现状构成威胁。在纽约市公立学校的三到五年级的学生中，2011 年仅有 62% 通过数学考试。而哈莱姆成功学院最近的通过率是 99%，科学课的通过率更高达 100%。[29] 所有这些并非是因为特许学校可以遴选最出色的学生入学，或是可以吸引到最好的家长。就读哈莱姆成功学院的学生都是通过抽签选取，他们成绩出色是因为学校认真负责，而且还是自主运营。

但是，即便是迈克尔 · 戈夫，也还需要再进一步，这就是要增加真正独立的学校数量，即实现完全私立办学，还有就是在选择学生方面不受限制。值得注意的是，2012 年 3 月的一次调查显示，六成私立学校的校长认为，国家就工资待遇和办学要求方面的规定，不利于对优秀教师提高工资，也不便延长课时，帮助差生辅导功课。[30] 而其他地方的私立教育机构则没有这样的限制。在瑞典的知识学校（Kunskapsskolan），成千上万的小学生在这里接受教育。在巴西，奥布杰提沃、COC、毕达哥拉斯这些私立连锁学校，也有数十万学生就读其中。也许，最为杰出的例子当数印度。英国纽卡斯尔大学教育学教授詹姆斯 · 托雷在印度海德拉巴的贫民窟也建立了私立学校，而且校名极富想象力，如皇家文理学校、小夜莺中学、菲尔道斯花儿修女学校等，这将良好教育的美好希望带入了城市最贫困的地方。[31] 托雷及其研究人员在非洲也见到了类似的私立学校。毫无例外，这些都是对表现不佳的公立学校的一种回应，在那些公立学校中，班级规模过于庞大，教师在打盹儿，或者索性缺堂，教学质量无从谈起。

英国的问题并不是私立学校数量过多，而是数量严重不足，如果再加上慈善的考虑，缺口则会越发增大。只有大约 7% 的英国儿童就读私立学校，这与美国的比例大体相当。若想了解为何亚洲儿童在标准测试中的成绩远远高于英美儿童，原因之一就在于，在中国澳门、中国香港、韩国、中国台湾和日本等地的私立学校中，有 1/4 以上的儿童在私立学校接受教育。这些地区的学生能力国际评估项目平均数学分值，要比英美儿童高出10%。他们超出美国孩子的程度与我们和土耳其的差距相当。而土耳其学生就读私立学校的比例还不足4%，这绝非纯属巧合。

私立教育其实惠及的远不只精英阶层。马丁·韦斯特和卢德格尔·沃斯曼因在2010年发表的一篇文章中表示：“私立学校入学率每提升10%，就可以提高国家的数学测试成绩……效果相当于进行了半年的学习。按照经济合作与发展组织的平均水平，私立学校每增加10%的入学率，也会降低5%的学生人均开销。”[32] 换言之，私立学校的教学质量和教学效率要更胜一筹。惠灵顿私立中学现在就在赞助一所公立资助的私立中学，这种做法很值得称道。还有就是拉格比和格拉斯哥学院的做法，校方扩大了助学金计划，力图通过学校自身的资源解决更多学生的学杂费用。

20世纪的教育改革是要在民主社会中，为更多人普及基础教育。21世纪的教育改革是让更多孩子都能享受到良好教育。如果有谁对此表示反对，那只能说他是个真正的精英主义者：认为穷人家的孩子只能待在破破烂烂的学校里，与良好教育无缘。

更进一步的大社会

在更广义的范畴中，以教育为例，在过去的50多年间，政府过多地介入了公民社会的范畴。这对于私有资源不足的领域（例如小学教育）的确有所裨益，但是这其中也要付出代价。

我赞成托克维尔的观点，也相信公民在当地自发的行为要优于集中的政府行为，这不仅是出于其最终结果的考量，更重要的是作为公民的我们在其中所受到的影响。真正意义上的公民权益并非仅限于投票权、谋生权、守法权等，同时还要有结社权，要与超越家庭范围之外的人群交往，在这其中，我们才会了解怎样制定和执行行为准则，简言之，就是实现自我管理。以身作则才能对子女言传身教，扶老携幼，照顾弱小，与犯罪分子作斗争，保持街道清洁等。

既然“大社会”一词已经成为英国的政治俚语，就难免会被滥用。在我就本书题材所做讲座的当月（2012年6月），坎特伯雷大主教就曾表示，“大社会”不过是“理想化的胡言乱语，其深层次的目的是想让国家在该对最弱势群体担负起责任时，却不可救药地抽身而退”。[33] 即便是苏格兰志愿组织联合会这样宣称信仰“自助”的机构，其首席执行官马丁·塞姆也将“大社会”称为“一帖有毒的膏药……是托利党骗人的把戏，出现问题时就用它来遮挡”。[34] 现在，显而易见，与上述各位对“大社会”的理解相比，我更心存希望。其实，包括我们的社会在内的大多数社会，都会因为个人的积极主动性得到更充分的发挥，更少地依赖国家，而充分受益。即使你认为现在这是一种保守的观点也无所谓。曾几何时，这是真正自由主义的精髓所在。

在前面的文字中，我曾试图说明，我们赖以生存的制度出现了严重的危机，这些制度曾是我们以往在经济甚至政治文化方面取得成功并实现文明的关键所在。我也提到了公债的危机，这是西方政治需要面对的最大问题，它其实是我们对未来子孙的背叛：是埃德蒙·伯克所称对现在和将来之间社会契约的违约行为。

我认为所谓通过复杂的监管避免未来金融危机的做法，其实是基于对市场经济运作方式的深刻误解，而白芝浩已将其谬误之处做了透彻分析。

我也提出了警告，法治对民主社会和资本主义社会的运转都至关重要，但它正在沦为律师之治，这其中的危害查尔斯·狄更斯了如指掌。

最后，我提出曾一度活跃的公民社会出现了衰退，这并非新技术的出现使然，而是国家的过度干预所导致。这一点托克维尔已经颇具先见之明地告诫过欧美人士。

我们人类生活在复杂的制度矩阵当中，其中有政府、市场、法律，也有公民社会。反观苏格兰启蒙时期，从那时起，社会制度的矩阵就曾运转异常良好，各种制度之间配合默契，相辅相成。我相信，这就是西方社会在 18~20 世纪获得成功的关键所在。但是，当下的社会制度却面临彼此脱节的问题。

这就是我们所面临的挑战，在未来的这些年中，我们要重现辉煌，扭转西方社会大衰落的趋势，再现那些真正自由社会所具备的首要原则，这也是我一度努力证实的原则，历史上这些伟大思想家也会助我们一臂之力。

简而言之，该是我们清理海滩的时候了。

THE GREAT DEGENERATION 结语

不平等的成因

为什么一些国家会比另一些国家更为富有？确切地说，为什么一些国家用于购买生活消费品的实际工资水平（这已根据生活成本进行了调整）会高于另一些国家？根据200年前所作的粗略比较（其中已将消费方式的差异考虑在内）可以看出，在第一次世界大战前夕，伦敦的实际工资比广州高出7倍以上。[1]这是源于在1700~1900年这200年间，世界经济已经日益实现一体化，其中资本、货物、劳动力的流动出现了空前繁荣。如今，我们迈入了又一个全球化的时代，却面临着类似的差异。如今中国制造业的工资水平不再是美国2005年水平的1/20，实际上，从2012年到2015年，预计它将升至美国工资水平的1/10至1/5。若从购买力平价进行比较，两国的差距则会进一步缩小。若是比较麦当劳员工每小时工作所得可以购买的巨无霸数量，美国仅仅是中国的4倍。[2]尽管，这其中的差距仍不容小觑。

毋庸置疑，这些差异与“全要素生产率”的差别相关，但是对于产生这些差别的原因，大家却是各执一词。18世纪时，还可以强调地理、气候、疾病或自然资源条件方面的原因，但如今这些解释已经很难服众。科学知识、技术革新、市场一体化已使得地理距离、气候、病菌等因素的重要性大不如前，而拥有大量矿藏也是件喜忧参半的事。强调因种族不同导致智力和勤劳、努力程度方面存在差异，这种解释也很难站得住脚。在基因差别不大的人群中，智商不会出现显著不同，比如，1991年前的民主德国和联邦德国，或是1970年前后的爱尔兰人和爱尔兰裔美国人就是如此。我们还发现平均智商在不同时期的变化远大于生物学角度的变化。[3]宗教、文化、“民族性格”等因素发生的作用，一直以来都令社会学家迷惑不解。而经济史的证据表明，从贫穷到富裕的变化往往都过于突然，其中太多文化背景上的差异，但对此都无法给出满意解释。

无论如何，各个国家的经济福利在诸多层面都存在差异，这和不同国家之间的差异一样显著。2007年，收入最顶层的1%美国人的平均收入是其余99%的美国人平均收入的30倍之多。这是近些年出现的另一种快速变化的差异，但是和国家间的不平等不同的是，国家内部不平等的势头日渐加剧，而不是相反。1978年，收入最顶层的美国人仅仅较其他人富裕10倍。在很大程度上，如今的美国社会都较20世纪20年代晚期更为不平等。[4]换言之，在过去35年间，经济增长成果的相当比例都进入了超级精英阶层的腰包，但在20世纪30年代的经济大萧条和20世纪70年代的大通货膨胀时期，却并非如此。在1933年到1973年，那其余99%的普通美国人平均收入（税前）增长了3/4；但在1973年到2010年，这一数字实际上出现了下滑。[5]

那么事出有因，究竟是什么导致了这一切的发生？正如前文所述，仅仅从经济角度进行解释，针对金融因素（“去杠杆化”）、国际一体化（“全球化”）、信息技术的影响（“离岸业务”和“服务外包”）、（刺激型或紧缩型）财政政策调整等进行分析，都不足以为这一问题提供满意的答案。我们需要深入研究各种制度的历史发展，寻根溯源，才能理解当今世界分分合合的复杂动因。本书第一章着重分析了民主制度的不足，第二章则是关注了监管措施的脆弱性，第三章着眼律师之治，第四章探讨了不文明社会。所有这些都较好地解释了西方社会的经济增长何以不及从前，而不平等程度却越发严重，即为何现如今西方社会处于亚当·斯密所称的发展停滞的静止状态。

城市的未来

在本书的最后，我想试问，我对西方社会的制度大衰落给出的分析判断对于未来意味着什么。若要回答这一问题，我想借用美国国防部长唐纳德·拉姆斯菲尔德的象征主义名言，“有些事我们知道我们知道，有些事我们现在知道我们不知道，同样有些事我们不知道我们不知道”，再补充一点，“还有一些事情我们不知道自己已经有所知”。历史系的学生可以在未来的景象中发现有些东西似曾相识，但是大众却对此熟视无睹。

先从我们知道自己有所知开始入手。除却物理化学定律，在可预见的未来，下列因素也不大可能发生太大的改变：人口的智力正态分布（或钟形曲线）、人类意识的认知偏差，以及我们进化的生物学行为。我们还可以设想全球人口会继续增长，突破 90 亿大关，当然也要考虑到几乎所有增长都主要集中在非洲和南亚地区，而且，在世界其他地方的人口年龄结构会进一步趋向老龄化。另一方面，至少部分主要商品，特别是基础金属和稀土，将保持限量供应。但是，全球技术扩散的速度很可能会继续保持较高水平，这将鼓励人们继续从乡村向城市转移。发展中国家出现新兴“巨型都市”，诸如人口超过千万级的包含卫星城的大都市等，这些都会在 21 世纪发挥重要作用。如今，这样的城市已有 20 个——中国有 6 个（以上海为首）、印度有 3 个（以孟买为首），以及墨西哥城、巴西圣保罗、孟加拉达卡、巴基斯坦卡拉奇、阿根廷布宜诺斯艾利斯、菲律宾马尼拉、巴西里约热内卢、俄罗斯莫斯科、埃及开罗、土耳其伊斯坦布尔、尼日利亚拉各斯。麦肯锡全球学会的数据表明，上述城市与其他 420 个非西方城市，可以在 2012 年到 2025 年产生出将近半数的各类增长。[6]

从很多角度而言，未来的前景都非常令人振奋。物理学家杰弗里 · 韦斯特为大家展示了城市化进程中，会（在基础设施方面）出现规模效益和（人类创造性方面的）规模效益递增。在他看来，“城市就是……美好生活的来源。城市是创造财富、创造力、发明革新的中心，这是令人兴奋的所在。城市就像一块巨大的磁铁，把人们都纷纷吸引过来”。韦斯特和他在圣菲研究所的同事发现了两条著名的统计规律。第一点，“在基础设施的数量中……从铁路总长度到电力线总长度再到燃气管路总长度……这些与加油站的数量成比例”。也就是说，城市规模越大，人均所需加油站数量就会越少，规模经济的一致指数会达到 0.85 左右（这就意味着，城市人口每增加 100%，其人均加油站数量仅需增长 85%）。第二点则更令人称奇：

> 在社会经济方面，如工资、教育机构数量、专利数量等，都在以一种超级线性方式按比例发展。而且规模效益的增长指数并非小于 1，而是可以大于 1……这就意味着规模效益递增……从系统角度而言，城市越大，就可能会有更高收入，大体上会出现更多教育机构、更多文化活动、更多专利生产，并更具创造性等。更为卓越的是，所有这些的增长比例都是同步发生的。通用指数可以达到 1.15 左右……这就意味着。如果将城市人口从 5 万增至 10 万，或从 100 万到 200 万，从 500 万到 1 000 万……就可以在人均生产率、专利数、研究机构数量、工资方面得到将近 15% 的增长……同样，在道路长度等一般基础设施方面会有 15% 的节省。[7]

人们在大城市中行走速度都会比在小城市出现不同程度的提高，可供选择的工作种类也会更多。所有这些都可以从网络效应得到很好的解释。诚然，也有一些负面网络外部性不容忽视：大城市的犯罪率、疾病发病率和污染程度也会更高。但是，韦斯特认为，只要我们能够实现更快的发展速度，巨型城市就可以避免，或至少可以推迟崩溃一刻的到来。①

韦斯特的分析解释了城市化的进程为何能以指数倍增长，而城市化本身在诸多方面也是文明史的核心。虽然他是从世界各地选取的数据，但是我们了解纽约和伦敦城市化优势的差距和孟买与拉各斯的差距相比各有千秋。2012 年 7 月末，在印度北部出现的大规模电网停电，使得 6.4 亿人生活在没有电力的黑暗世界，这让我们意识到巨型城市的网络其实相当脆弱。我们也知道在纽约历史上，特别是 20 世纪 80 年代晚期，暴力犯罪曾经一度猖獗，在那些时刻，网络外部性负面影响曾一度超过正面的影响。

本书的观点就是城市化的净效益取决于城市所采用的制度架构。行之有效的代议制政府、富有活力的市场经济、卓有成效的法治体系、独立于国家政府的公民社会、利大于弊的密集人口，这些固然可喜，但是也并非一成不变，其负面影响会一直存在。换言之，在稳定的制度架构下，城市网络就是处于纳西姆 · 塔勒布所言的“反脆弱”状态。它们不仅可以经

① 在韦斯特看来，“关于开放式发展，问题之一就是发展速度以指数倍增长，这样开放式增长会最终导致崩溃。这是数学模式的崩溃，是因为所谓有限奇点而起。这就涉及到有关奇点的术语，系统触及到奇点就会发生崩溃”。

得起干扰，而且可以从中获取力量变得更为强大（1940 年经历闪电战的伦敦就是一例）。当缺乏这种架构时，城市网络就会不堪一击：只消稍许打击，就会使之崩溃（正如公元 410 年罗马遭西哥特人解体）。

拿枪的和干活的

在意大利西部片《黄金三镖客》中，有一个经典场景，相当于对当今的世界经济予以了概括。金发小子布兰迪（克林特 · 伊斯特伍德饰）和图科（埃里 · 瓦拉赫饰）最终找到了埋有黄金宝藏的墓地，但问题是这是南北战争时期的大片墓地，谁都不知宝藏具体埋在哪座坟墓下。伊斯特伍德看了看枪，又看了看瓦拉赫，说出了那句经典台词："朋友，世界上有两种人，一种是拿枪的……一种是干活的。"

在后危机时代的经济秩序中，也同样存在两种经济体。一种是积累了大量资产，包括主权财富基金（目前总数已超 4 万亿美元）以及硬通货储备（仅新兴市场就有 5.5 万亿美元），这就相当于那个拿枪的人。与之相反，那些背负巨额公债的经济体（在全世界有近 40 万亿美元之多），就是那些需要干活的人。在这样的世界中，也是要将地下资源开采出来，但地下资源的分配却并非各国平等。据我统计，世界上已探明的地下矿藏储量的估计市值在 359 万亿美元左右，其中 60% 储量为 10 个国家所有，即俄罗斯、美国、澳大利亚、沙特阿拉伯、中国、几内亚（铝土矿储量丰富）、伊朗、委内瑞拉、南非、哈萨克斯坦等。[8]

接着来看我们知道自己有所不知的话题上来，我们不知道在未来还会探明多少资源（特别是在尚未勘探的非洲地区），也不知道技术进步（如水力压裂技术）可以增加多少自然资源的供应。我们还不知道金融危机的影响是否会波及商品价格，从而是否会带动新型燃料和材料的开发。最后，我们更不知道，鉴于资产的不可移动性，政治会对易于进行横征暴敛的部门产生怎样的影响。我们知道，毫无限制的燃烧化石燃料很可能会导致地球气候变化，但我们不知道变化的程度究竟会有多大，也不知道问题发展到何时才能让真正有实际意义的政策出台。直到那时，西方社会才会寄希望于“绿色”能源的美好幻想中，可是其他地方的人还是我行我素，挖出多少煤炭，就用多少，而不会致力于发展那些可以真正降低二氧化碳排放的事业，比如，建造核电站或清洁煤电站，车辆改用天然气做燃料，提高普通家庭的能源效率等。[9] 所有这些“知道我们不知道”，造就了自2002年起商品价格所出现的剧烈波动。

依旧回到我们知道自己有所不知的范畴。有两大自然灾害：一是地震和由此引发的海啸，这是地壳构造板块运动随机产生的结果（因此我们只是知道灾害可能发生的地点，但是对于发生的时间和规模却一无所知）；二是大规模流行病，这是由类似流感病毒这类病毒所产生的随机变异而导致。对于人类的这两大威胁，我们所知道的至多不过是它们在未来会比以往造成更大的伤害，这是因为亚太区的人口密度在不断上升，而且又恰恰是聚集在容易出现问题的沿海地带，因为人类偏偏就喜欢靠海而居。再加上核扩散的问题，若是说如今的世界较“冷战”期间更为危险，这种观点也不无道理。“冷战”时期，人类的主要威胁不过是两大阵营之间的对抗所致的最糟糕的情况，这也是可计算的风险。现如今，我们要面对的不确定性远不只可计算风险这么简单，这就是两极世界已然变为网络世界的结果。

鉴于“不知道我们不知道”这类问题的性质本身，就决定了我们无法对之进行预测。那么什么是“不知道我们不知道”呢？这是指历史为我们指明了方向，而大多数人却视而不见吗？进入 2011 年后期，当问及“在未来三年间，可以左右快速发展市场的主要风险有哪些”时，近千名全球商务高管都将资产价格泡沫、政府腐败、收入不平等以及未能有效应对通货膨胀列为四大首要风险。[10] 到 2014 年，这些担心似乎已然不合时宜。在历史学家看来，在非西方国家中，如今真正的风险在于革命和战争。在出现上述情况后，战争和革命的确在所难免。食品价格飙升、人口年轻化、中产阶级抬头、意识形态混乱、旧有政权腐败、国际秩序脆弱，所有这些因素相结合，势必会引发革命。这就是中东的现状，实际上伊斯兰革命已然来临，尽管西方社会将其错误地贴上了“阿拉伯之春”的标签。值得担忧的是，往往如此规模的革命会伴随着战争的爆发。尽管斯蒂芬 · 平克乐观预期说人类历史长远看来会远离暴力，但是战争爆发的频次数据统计却并未印证这种趋势。[11] 与地震预测一样，我们知道可能爆发战争的地点，但是我们不知道其何时爆发，以及具体规模会有多大。

反对“技术乐观主义”

革命和战争并不是新出现的威胁。早在18世纪，启蒙运动引发的意识形态混乱，也是对后来称雄世界的英语帝国的两大威胁的基础。在大西洋两岸对抗革命的过程中，英国欠下大量公债，这主要是与革命派的法国斗争的结果。在拿破仑时代的尾声，英国国债已经超过GDP的250%。但是随后的去杠杆化，使得债务负担大幅降至GDP的25%，这可能是有历史记载以来最成功的减债。之后，也没有发生通货膨胀。多亏有着严格的财政纪律及高于利率增长的经济发展速度，这双管齐下，英国政府才可以一直保持着和平时期的基本财政盈余。这次“漂亮的去杠杆化”①也并非一帆风顺，在19世纪20年代中期，以及19世纪40年代晚期，紧缩政策（再加上爱尔兰的饥荒救济措施不力）招致了社会的不满。不过，去杠杆化进程恰逢第一次工业革命主要时期的铁路投资热潮，大英帝国几乎扩张到无以复加的地步。历史的经验教训告诉我们，当国家实现技术革新，且地缘政治有利扩张时，是可以走出巨额债务的困境的。[12]

那美国也可以如法炮制吗？我深表怀疑。首先，有证据表明，在巨额债务的重压下，要取得高速发展可谓难上加难。通过研究26例“债务积压”的案例，其中发达国家所欠的公债至少有5年都超过了GDP的90%，

① 这个短语援引自美国对冲基金经理雷·戴利奥，他所掌控的对冲基金Bridgewater在金融危机期间表现极其卓越。

卡门 · 莱因哈特、文森特 · 莱因哈特和肯尼斯 · 罗格夫认为，债务积压与长期以来（平均长达 23 年之久）的低增长（GDP的 1.2%）相关联，相对于债务积压之前，经济产出水平降低了近 1/4。[13] 特别重要的是，对经济增长的负面影响不一定是较高的实质利率使然，关键在于债务和经济增长之间的非线性关系。因为只有在债务升至GDP的 90%限度时，才会使经济增长放缓，由此看来，在赤字尚未成为一害之前，赤字经营的习惯早已养成。这些证据给凯恩斯主义经济学家带来严重的问题，因为他们相信若想缩减私有部门的去杠杆化总需求，正确的做法就是让已然负债累累的公有部门增加借贷。他们还声称美国国库的低利率就是有力的市场信号，说明政府有能力也应该发行更多国债，这种说法也令人质疑。[14]

同样，寄希望于出现与当初铁路热潮相媲美的技术突破以救美国于水火，这种可能性微乎其微。需要面对的残酷现实就是，以 2012 年为着眼点，在下一个 25 年间（2013~2038 年），在科技方面的巨大突破很可能将难以与过去 25 年（1987~2012 年）相媲美。不必多言，仅仅是在“冷战”末期和亚洲经济奇迹期间，通过技术革新，大幅削减劳动成本，随之而来的硬件价格降低（毋庸置疑，那些前苏联的博士们终是做出了些卓越贡献），这些都极大地刺激了经济的发展，但这些都已一去不返。始于 20 世纪 80 年代的信息技术革命，对美国国内生产力所产生的影响至关重要，即便如此，也不能对之夸大其词，但我们的确是处于收益递减的阶段（特征就是出现通货紧缩，还有非技术性工作部分被自动化所取代导致的失业）。同样，在医药科技方面，可以期待的突破包括人类基因图谱的成功绘制，可能会延长人类的平均寿命，但如果我们在神经学方面没有取得相匹配的进展，只是成功地延长了身体的寿命，却在精神寿命方面无所作为，那么最后的净经济后果还是负值，因为我们最终不过是增加了生活不能自理的老人数量。

我对技术领域出现机械降神持悲观态度，这是从历史发展的角度观察得出的结论。过去25年间所取得的成绩与上一个25年（1961~1986年）相比就不足挂齿（例如，1961~1986年期间人类登上了月球）。再往上追溯25年（1935~1960年），所取得的技术突飞猛进则更为可观（例如，这期间实现了分裂原子）。传奇的硅谷企业家和风险投资家彼得·泰尔认为，也许在斯坦福大学所在的美国加利福尼亚州的帕洛阿尔托市方圆百英里内，只有他这么一个孤独的怀疑论者，他说过，“我们想要的原本是极速飞车，结果却是发了条140个字的微博作罢”①。自从协和飞机时代以来，旅行速度已然降低。老百姓对绿色能源还是可望而不可即。即便在美国有近1/3的85岁以上的老人在受着老年痴呆症的折磨，但我们还是缺乏勇气去向阿尔兹海默症宣战。[15] 此外，技术乐天派还必须回答：为何巧合的是，早期飞速的科技进步总与大规模的意识形态武装冲突同期发生。（若是问及1932年，从科技领域获得诺贝尔奖的人数来看，世界上哪个国家科技进步最显著？答案就是德国。）那么，显而易见，更多信息，更快

① 推特网每条微博的字数以140字为上限。

的信息传播速度，未见得是件好事。知识本身不会总是万能良药。网络效应也并非总是正向。在20世纪30年代，社会取得了巨大的技术进步，但这并未使大萧条告一段落，相反，它引发了世界大战。

美国疲于应付镇压暴乱的战事，又将目光转向用裂压法获取化石燃料的丰富储量，这可以使美国到2035年时不再依赖对中东石油的依赖，于是，美国迅速将自己在中东地区历时40载的霸权告一段落。不知谁会填补这里的空白。是拥有核武器的伊朗？是新奥斯曼土耳其？还是穆斯林兄弟会领导下的阿拉伯的伊斯兰党派？无论是谁将力拔头筹，流血冲突很可能都在所难免。若是问及那些在谍战频发的阴暗世界工作的人，我们面临的最大挑战来自何方，他们很可能会列出：生物恐怖主义、网络战争、核扩散。上述这些的相似之处在于，（甚至是近乎于疯狂的）极端分子和组织在用现代技术武装自己。相信在非历史学者们终于意识到“我们不知道我们不知道”的内容之前不久（是在帝国收手时，而不是在它肆意扩张时），暴力活动会达到顶峰。暴力现象可以出现在曾经的帝国核心所在。经济计量史学家彼得·特琴就表示，“下一次（暴力）活动造成社会不稳定的高峰期将在2020年前后的美国出现”。[16]

并非一己之力

正如亚当·斯密所言，当国家的“法律和制度”衰退到一定程度，其中的寻租精英阶层主导了经济和政治进程，那么国家就会进入停滞不前的静止状态。我认为，这就是西方社会如今主要乱象的症结所在。公开及隐含的公债造成了寅吃卯粮的局面，老一辈人的生活以牺牲年轻人和未出生之人的利益为代价。监管已然不再奏效，反之加重了体系的脆弱性。律师阶层本可作为富于活力的社会中的革命力量而存在，如今却成为停滞状态国家的寄生虫。所谓公民社会，也沦为企业利益和大政府之间的无人孤岛。所有这些相结合，就是我所提及的西方社会大衰落。

就在本书付梓前不久，美国总统奥巴马在一次演讲中非常明确地提到：

> 如果你获得了成功，那是因为在你成功的道路上获得了别人的鼎力相助。我们的生活中有着这样的恩师。有人帮我们创建了这令人难以置信的美国社会体系，让我们能在其中茁壮成长。是他们在慷慨解囊铺路搭桥。如果你有自己的生意可做，也并非完全出自一己之力，那也是因为别人帮你创造了机会。互联网就不是凭空而来的，它是政府研发的结果，以便所有公司都可以通过网络实现自身盈利。
>
> ……世上确实存在这样一些事情，比如救火，那不是为我们一己私利而为之……我们扪心自问，其实自从这个国家建立之初就是如此，要知道，有些事情需要我们团结一心，才能众志成城。这就是当初制定《军人安置法案》、创建中产阶级、建造金门大桥（Golden

Gate Bridge）和胡佛水坝（Hoover Dam）的原因。这就是我们发明互联网的原因。这就是我们要派人登上月球的原因。[17]

这的确是来自一个处于停滞状态国家的真实声音：国家领袖在就地方各省的遥远问题发表意见。我并不是说私有部门和经济的相互依存不值得称道，相反，令人不安的是对此的过分夸大，仿佛是需要政府参与开办每个中小企业，或是索性要“一手创建中产阶级”。令人越发不安的是奥巴马在演讲中刻意隐去了未来的计划，这些计划本该能与以往相媲美（曼哈顿计划就是很好的一个例子，但这在政治上却又不可取）。

西方社会的再度复兴已悄然开始。

注释

THE GREAT DEGENERATION

前言

1. 参见弗朗西斯 · 福山著《历史的终结和最后一人》(*The End of History and the Last Man*)，《国家利益》(*The National Interest*)，16（1989 年夏），第 3~18 页。

2. 参见麦肯锡全球学会发表的《城市化世界：城市和增长中的消费群体》(*Urban World: Cities and the Rise of the Consuming Class*)(2012 年 6 月)。

3. 参见麦肯锡全球学会发表的《债务和去杠杆化：全球信贷泡沫及其经济后果》(*Debt and Deleveraging: The Global Credit Bubble and its Economic Consequences*)(2010 年 1 月)。

4. 参见皮特 · 拜莱金（Peter Berezin）著《疲软的美国

劳动力市场》（*The Weak U.S. Labor Market: Mainly a Cyclical Problem ... For Now*），《银行信用分析家》（*The Bank Credit Analyst*），64，1（2012 年 7 月），第 40 页。

5. 参见例如杰弗里·萨克斯（Jeffrey Sachs）著《文明的代价——重新唤醒美国的美德和繁荣》（*The Price of Civilization: Reawakening American Virtue and Prosperity*）（2011 年，纽约）。

6. 参见例如国际货币基金组织发表的《克服将要面临的财政挑战》（*Navigating the Fiscal Challenges Ahead*），《财政监测》（*Fiscal Monitor*），2010 年 5 月 14 日。

7. 参见安东尼·B·阿特金森（Anthony B. Atkinson）、托马斯·皮克提（Thomas Piketty）和艾曼努尔·赛斯（Emmanuel Saez）著《历史中的高收入人群》（*Top Incomes in the Long Run of History*），《经济文献杂志》（*Journal of Economic Literature*），49，1（2011 年），第 3~71 页。

8. 参见瑞士信贷集团发表的《全球财富数据手册》（*Global Wealth Databook*）（2010 年 10 月），表 3–1、表 3–3 和表 3–4。

9. 参见杰米尔·巴兹（Jamil Baz）的精彩分析，《当前的危机不过是热身运动》（*Current Crisis Merely a Warm-up Act*），《金融时报》（*Financial Times*），2012 年 7 月 11 日。

10. 参见尼尔·弗格森（Niall Ferguson）著《因大而亡：为何必须消灭国家垄断资本主义》（*Too Big to Live: Why We Must Stamp Out State Monopoly*

Capitalism),《亚当 · 斯密评论》(*Adam Smith Review*), 6(2011 年), 第 327~340 页。

11. 参见璜 · 安利奎斯(Juan Enriquez)著《药所不及》(*Medicine's Missing Measure*),《大西洋月刊》(*Atlantic*)(2012 年 5 月): 参考链接: http://www.theatlantic.com/health/archive/2012/05/medicines-missing-measure/257901/。

12. 参见约翰 · 斯道塞尔 (John Stossel) 著《我想开个柠檬汁摊位》(*I Tried to Open a Lemonade Stand*), 美国《*Townhall*》杂志, 2012 年 2 月 24 日。

13. 参见汤姆 · 赫兹(Tom Hertz)著《穷人、富人与种族: 美国黑人白人家庭的隔代收入流动性》(*Rags, Riches, and Race: Intergenerational Income Mobility of Black and White Families in the United States*), 萨缪 · 鲍尔斯(Samuel Bowles)、赫伯特 · 金迪斯(Herbert Gintis) 和梅丽莎 · 奥斯波尼(Melissa Osborne)合编《不平等的机会: 家庭背景和经济成功》(*Unequal Chances: Family Background and Economic Success*)(2005 年, 纽约), 表 10。

14. 参见查尔斯 · 莫雷(Charles Murray)著《分道扬镳的社会: 1960~2010 年美国白人的状况》(*Coming Apart: The State of White America, 1960-2010*)(2012 年, 纽约)。

15. 参见亚当 · 斯密著 《国富论》(*The Wealth of Nations*)(1776 年), 上卷, 第 8 章。

16. 出处同上, 上卷, 第 9 章。

17. 参考链接: http://blog.lgiu.org.uk/2011/09/on-libya-and-institutions/。感

谢英国外交部负责亚非事务的部长马洛克 · 布朗勋爵（Lord Malloch-Brown）在英国广播公司电台 4 台的《今日》（*Today*）栏目中，让我注意到这幅涂鸦的内容。

18. 参见达龙 · 埃斯莫格卢（Daron Acemoglu）和詹姆斯 · 罗宾逊（James A. Robinson）的新著《国家为何衰落：权力、繁荣和贫穷的起源》（*Why Nations Fail: The Origins of Power, Prosperity, and Poverty*）（2012 年，纽约），第一章有更多详细内容 。

第一章　人类蜂巢

1. 参见理查 · 塔弗诺（Richard Taverner）著《智慧的花园繁花似锦，即贵族、哲人和各类人等的警句、哲言，取自诸多优秀作者》（*The Garden of Wysdome Conteynynge Pleasaunt Floures, that is to say, Propre and Quycke Sayings of Princes, Philosophers and other Sortes of Me[n]. Drawe[n] Forth of Good Aucthours*）（1539 年，伦敦），第 6 页。

2. 数据出自安格斯 · 麦迪森（Angus Maddison）著《世界人口、GDP 和人均 GDP 千年统计》（*Statistics on World Population, GDP and Per Capita GDP, 1-2008 AD*），参考链接：http://www.ggdc.net/MADDISON/Historical_Statistics/vertical-file_02-2010.xls。

3. 数据出自世界银行发表的《世界发展指数在线数据库》（*World Development Indicators online*），参考链接：http://data.worldbank.org/data-

catalog/world-development-indicators。

4. 见贾雷德 · 戴蒙德（Jared Diamond）著《枪炮、病菌和钢铁：人类社会的命运》（*Guns, Germs and Steel: A Short History of Everybody for the Last 13,000 Years*），（1998 年，伦敦）；伊恩 · 莫里斯（Ian Morris）著《西方将主宰多久：从历史的发展模式看世界的未来》（*Why the West Rules – For Now: The Patterns of History, and What They Reveal About the Future*）（2010 年，纽约）。

5. 参见肯尼思 · 彭慕兰（Kenneth Pomeranz）著《大分流：中国、欧洲与世界经济的形成》（*The Great Divergence: China, Europe and the Making of the Modern World Economy*）（2000 年，普林斯顿）。

6. 参见道格拉斯 · C · 诺斯（Douglass C. North）、约翰 · 约瑟夫 · 沃利斯（John Joseph Wallis）和巴里 · R · 温加斯特（Barry R. Weingast）著《暴力和社会秩序：一个解读人类历史记录的概念框架》（*Violence and Social Orders: A Conceptual Framework for Interpreting Recorded Human History*）（2009 年，剑桥）。

7. 参见弗朗西斯 · 福山（Francis Fukuyama）著《政治秩序诸起源：从史前人类到法国大革命》（*The Origins of Political Order: From Prehuman Times to the French Revolution*）（2011 年，纽约）。

8. 参见达龙 · 埃斯莫格卢（Daron Acemoglu）和詹姆斯 · A · 罗宾逊（James A. Robinson）著《国家为何衰落：权力、繁荣和贫困的起源》（*Why*

Nations Fail: The Origins of Power, Prosperity, and Poverty)(2012 年，纽约)，第 4 页。

9. 出处同上，第 7~9 页.

10. 参见保罗 · 科里尔（Paul Collier）著《最底层的十亿人》(*The Bottom Billion*)(2007 年，牛津)，第 50，56 页;《被掠夺的星球：繁华如何向自然妥协》(*The Plundered Planet: How to Reconcile Prosperity with Nature*)(2010 年，伦敦)，第 47 及下文，58 页。

11. 参见赫尔南多 · 德 · 索托（Hernando de Soto）著《资本的秘密：为什么资本主义在西方取得了成功，在其他地方却遭遇了滑铁卢？》(*The Mystery of Capital: Why Capitalism Triumphs in the West and Fails Everywhere Else*)(2000 年，纽约)。

12. 参见赫尔南多 · 德 · 索托（Hernando de Soto）著《阿拉伯革命的自由市场秘密》(*The Free Market Secret of the Arab Revolutions*)，《金融时报》(*Financial Times*)，2011 年 11 月 8 日。

13. 参见 J · C · D 克拉克（J.C.D. Clark）著《英属美洲：若未发生美国独立战争会怎样？》(*British America: What If There Had Been No American Revolution?*)，尼尔 · 弗格森（Niall Ferguson）《虚拟的历史》(*Virtual History: Alternatives and Counterfactuals*)(1993 年，伦敦）第 125~175 页。

14. 参见例如 J · R · 琼斯（J. R. Jones）著《一定条件下的革命》(*The Revolution in Context*)，《实现自由？1688 年前后的英国》(*Liberty Secured?*

Britain before and after 1688)(1992 年，斯坦福），第 12 页。

15. 参见斯蒂夫 · C · A · 平卡斯（Stephen C.A. Pincus）和詹姆斯 · A · 罗宾逊（James A. Robinson）著《光荣革命期间究竟发生了什么？》（*What Really Happened during the Glorious Revolution?*），美国国家经济研究局（National Bureau of Economic Research）研究报告 17206 号（2011 年 7 月）。

16. 参见阿夫纳 · 格雷夫（Avner Greif）著《制度和通往现代经济之路：中世纪贸易的经验》（*Institutions and the Path to the Modern Economy: Lessons from Medieval Trade*），C · 梅纳尔（C. Ménard）和 M · 雪利（M. Shirley）编《新制度经济学手册》（*Handbook of New Institutional Economics*）（2005 年，多德雷赫特），第 727~786 页。

17. 参见蒂穆尔 · 库兰（Timur Kuran）著《长期的差异：伊斯兰法律是如何阻碍中东发展的》（*The Long Divergence: How Islamic Law Held Back the Middle East*）（2010 年，普林斯顿）。

18. 参见经济合作与发展组织（OECD）公布的《学生能力国际评估项目 2009 年研究报告：学生知道什么、能做什么：学生在阅读、数学、科学等方面的表现》（*PISA 2009 Results: What Students Know and Can Do: Student Performance in Reading, Mathematics and Science*）（2010 年，巴黎），第 15 页，参考链接：http://www.oecd.org/dataoecd/10/61/48852548.pdf。

19. 参见尼尔 · 弗格森著《文明》（*Civilization: The West and the Rest*）（2011 年，伦敦/纽约）。

20. 参见罗伯特 · C · 艾伦 （Robert C. Allen）著《全球化视野中的英国工业革命》（*The British Industrial Revolution in Global Perspective*）（2009 年，剑桥）。

21. 参见道格拉斯 · C · 诺斯（Douglass C. North）和巴里 · R · 斯特（Barry R. Weingast）著《宪法和责任：17 世纪英国监管公共决策制度的演变》（*Constitutions and Commitment: The Evolution of Institutions Governing Public Choice in Seventeenth-Century England*），美国《经济史杂志》（*Journal of Economic History*）44，4 （1989 年），第 803~832 页。

22. 参见劳伦斯 · J · 科特李科夫（Laurence J. Kotlikoff）和斯科特 · 伯恩斯 （Scott Burns）著《代相矛盾：拯救我们自己、我们的孩子和我们的经济》（*The Clash of Generations: Saving Ourselves, Our Kids, and Our Economy*）（2012 年，马萨诸塞州，剑桥）， 第 33 页。

23. 出处同上，第 30 页及下文。

24. 参见罗伯特 · 卡达雷利（Roberto Cardarelli）、詹姆士 · 塞夫顿（James Sefton）和劳伦斯 · J · 科特李科夫（Laurence J. Kotlikoff）著《英国的代际核算》（*Generational Accounting in the UK*），《经济学杂志》（*Economic Journal*） 110，467，专栏文章 （2000 年 11 月），第 F547~F574 页。

25. 参见卡门 · M · 莱因哈特（Carmen M. Reinhart）和肯尼斯 · S · 罗格夫（Kenneth S. Rogoff）著《债务时代的经济增长》（*Growth in a Time of Debt*），美国国民经济研究局（NBER）工作论文 15639 号（2010 年 1 月）。

第二章 达尔文经济

1. 参见例如保罗·克鲁格曼（Paul Krugman）著《都是里根所为》（*Reagan Did It*），《纽约时报》（*New York Times*），2009年5月31日。

2. 参见《金融改革101》（*Financial Reform 101*），作者同上，《纽约时报》，2010年4月1日，《朋克与财阀》（*Punks and Plutocrats*），2010年3月28日。

3. 参见《让银行索然无趣》（*Making Banking Boring*），作者同上，《纽约时报》，2009年4月9日。

4. 参见《自我与不道德》（*Egos and Immorality*），作者同上，《纽约时报》，2012年5月24日，并参见同一作者《迪蒙的溃败有些似曾相识》（*Dimon's Déjà vu Debacle*），《纽约时报》，2012年5月20日。

5. 参见西蒙·约翰逊（Simon Johnson）和詹姆斯·夸克（James Kwak）著《13个银行家》（*Thirteen Bankers: The Wall Street Takeover and the Next Financial Meltdown*）（2010年，纽约）。

6. 参见理查德·A·波斯纳（Richard A. Posner）著《资本主义民主的危机》（*The Crisis of Capitalist Democracy*）（2010年，马萨诸塞州，剑桥）。

7. 参见《华尔街传奇人物桑迪·韦尔：击碎大银行》（*Wall Street Legend Sandy Weill: Break Up the Big Banks*），CNBC.com，2012年7月15日。

8. 参见大卫·基纳斯顿（David Kynaston）著《伦敦城》（*The City of London*）第四卷：《俱乐部不再，1945~2000年》（*A Club No More,*

1945-2000)(2001 年，伦敦)。

9. 参见弗莱斯特 · 卡皮(Forest Capie)著《英格兰银行：20 世纪 50 年代到 1979 年》(*The Bank of England: 1950s to 1979*)(2010 年，剑桥大学)，第 589 页及下文。

10. 参见N · H · 蒂姆斯戴尔(N.H. Dimsdale)著《1945 年以来的英国货币政策》(*British Monetary Policy since 1945*)，N · F · R · 克拉夫茨(N. F. R. Crafts)和N · W · C · 伍德沃德(N. W. C. Woodward)合编的《1945 年以来的英国经济》(*The British Economy since 1945*)(1991 年，牛津)，第 108 页。

11. 参见尼尔 · 弗格森(Niall Ferguson)著《滞胀时期的管制与放松管制：1970 年的西格蒙德 · 华宝和伦敦城》(*Regulation and Deregulation in a Time of Stagflation: Siegmund Warburg and the City of London in the 1970s*)，向欧洲银行史联合会(European Association for Banking History)提交的论文，2010 年，布鲁塞尔。

12. 参见例如特纳勋爵(Lord Turner)著《危机之后：评估金融自由化的成本和收益》(*After the Crises: Assessing the Costs and Benefits of Financial Liberalisation*)，第 14 期C · D · 德希穆克博士(C. D. Deshmukh)纪念讲座，2010 年 2 月 15 日，孟买。

13. 参见《债务与去杠杆化：长期与短期的挑战》(*Debt And Deleveraging: Long Term And Short Term Challenges*)，作者同上，2011 年 11 月 21 日，金融研究中心(Center for Financial Studies)。

14. 参见休 · 罗考夫 （Hugh Rockoff）著 《纸币的精妙之翼：亚当 · 斯密和 1772 年危机》（*Upon Daedalian Wings Of Paper Money: Adam Smith And The Crisis Of 1772*），美国国民经济研究局（NBER）工作论文 15594 号 （2009 年 12 月）。

15. 参见杰西卡 · 普莱斯勒（Jessica Pressler）著《看，谁回来了》（*Look Who's Back*），《纽约杂志》（*New York Magazine*）2012 年 4 月 8 日，参考链接：http://nymag.com/news/business/themoney/john-mack-2012-4/index1.html。

16. 参见皮特 · 沃利森 （Peter Wallison）著《多德–弗兰克法案清算方案比破产更糟糕》（*Dodd-Frank's Liquidation Plan is Worse than Bankruptcy*），彭博（Bloomberg），2012 年 6 月 11 日。

17. 参见布鲁克 · 马斯特斯（Brooke Masters）著 《惠誉国际表示，大银行还需要 5 660 亿美金》（*Big Banks Need Extra $566bn, says Fitch*），《金融时报》（*Financial Times*），2012 年 5 月 17 日。

18. 参见弗朗西斯 · 达尔文（Frances Darwin）编 《达尔文自传与书信集》（*The Life and Letters of Charles Darwin, including an Autobiographical Chapter*），第一卷（1887 年，伦敦），第 83 页。

19. 参见沃尔特 · 白芝浩著 《伦巴第街》（*Lombard Street: A Description of the Money Market*），[1896 （1873） 年，伦敦]， 第 11 页。

20. 参见尼尔 · 弗格森著 《金融史的进化研究》（*An Evolutionary Approach to Financial History*），冷泉港关于定量生物学的年度座谈会（Cold Spring

Harbor Symposia on Quantitative Biology），74 （2010 年），第 449~454 页。

21. 参见罗伯特 · F · 韦伯（Robert F. Weber）著《结构性监管——复杂性问题的一剂解药》（*Structural Regulation as Antidote to Complexity Capture*），《美国商法杂志》（*American Business Law Journal*）， 49，3 （2012）。

22. 为便于查找，可以参见马克 · 布查纳（Mark Buchanan）《无处不在的科学史》（*Ubiquity: The Science of History ... Or Why the World is Simpler Than We Think*）（2005 年，伦敦）。

23. 参见安德鲁 · 霍尔丹（Andrew Haldane）著《应对信贷周期和大而不倒》 （*On Tackling the Credit Cycle and Too Big to Fail*）（2011 年 1 月），参考链接：http://www.iiea.com/event/download_powerpoint?urlKey=andrew-haldane-on-fixing-finance。并参见亨利 · 胡（Henry Hu）著《过于复杂无法解读？创新、"完全信息"和美国证券交易委员会披露模式》（*Too Complex to Depict? Innovation,“ Pure Information” and the SEC Disclosure Paradigm*），《得克萨斯法律评论》（*Texas Law Review*）。

24. 参见纳西姆 · 塔勒布著《反脆弱：无序中的收获》（*Anti-Fragile: Things that Gain from Disorder*）。

25. 参见亚诺什 · 科尔内（Janos Kornai）著《社会主义体制：共产主义的政治经济学》（*The Socialist System: The Political Economy of Communism*）（1992 年，牛津）。

26. 参见白芝浩（Bagehot）著《伦巴第街》第 17 页，第 160 页及下文。

27. 出处同上，第 165 页。

28. 出处同上，第 58 页及下文。

29. 出处同上，第 199 页。

30. 出处同上，第 235 页。

31. 出处同上，第 325 页。

32. 出处同上，第 321 页。

33. 参见劳伦斯 · J · 科特里科夫（Laurence J. Kotlikoff）和约翰 · C · 古德曼（John C. Goodman）著《通过有限目的的银行拯救我们国家的金融危机》（*Solving Our Nation's Financial Crisis with Limited Purpose Banking*），波士顿大学（Boston University）工作论文（2009 年 4 月 15 日），约翰 · 凯（John Kay）著《狭义银行：银行监管体制改革》（*Narrow Banking: The Reform Of Banking Regulation*），英国金融创新研究中心（Centre for the Study of Financial Innovation）（2009 年）。

34. 参见尼尔 · 弗格森（Niall Ferguson）著《因大而亡：为何必须消灭国家垄断资本主义》（*Too Big to Live: Why We Must Stamp Out State Monopoly Capitalism*），《亚当 · 斯密评论》（*Adam Smith Review*），6（2011 年），第 327~340 页。

35. 参见白芝浩著《伦巴第街》第 334 页。

36. 出处同上，第 336 页。

37. 参见格雷琴 · 摩根森（Gretchen Morgenson）著《借贷巨头搞定欺诈

案》(*Lending Magnate Settles Fraud Case*),《纽约时报》(*New York Times*),2010年10月15日。

第三章 法律环境

1. 参见贺卫方著《论中国政宪的起步》(*China's First Steps Towards Constitutionalism*),《因正义之名:在中国推进法治》(*In the Name of Justice: Striving for the Rule of Law in China*)。

2. 参见汤姆·宾厄姆(Tom Bingham)著《法治》(*The Rule of Law*)(2010年,伦敦)。

3. 参见本·威尔森(Ben Wilson)著《自由的代价是什么?自由曾怎样获胜,而现在却为何惨败》(*What Price Liberty? How Freedom Was Won and Is Being Lost*)(2009年,伦敦)。

4. 参见罗纳德·德沃金(Ronald Dworkin)著《法律帝国》(*Law's Empire*)(1986年,伦敦),第166页,第225页。

5. 出处同上,第346页。

6. 参见罗纳德·德沃金(Ronald Dworkin)著《刺猬的正义》(*Justice for Hedgehogs*)(2011年,马萨诸塞州,剑桥),第402页。

7. 参见道格拉斯·C·诺斯(Douglass C. North)著《制度、制度变迁和经济成就》(*Institutions, Institutional Change and Economic Performance*)(1990年,剑桥),第54页。

8. 出处同上，第 59 页。

9. 参见阿夫纳 · 格雷夫（Avner Greif）著《通往现代经济的制度与道路：中世纪贸易的经验》（*Institutions and the Path to the Modern Economy: Lessons from Medieval Trade*），见C · 梅纳尔（C. Ménard）和M · 雪利（M. Shirley）编《新制度经济学手册》（*Handbook of New Institutional Economics*）（2005 年，多德雷赫特），第 727~786 页。

10. 参见拉斐尔 · 拉 · 波塔（Rafael La Porta）、弗洛伦西奥 · 洛佩兹 · 德 · 西拉内斯（Florencio Lopez-de-Silanes）、安德鲁 · 施莱弗（Andre Shleifer）和罗伯特 · W · 维什尼（Robert W. Vichny）著《外部融资的法律因素》（*Legal Determinants of External Finance*），《金融期刊》（*Journal of Finance*），52，3（1997 年 7 月），第 1 131~1 150 页。

11. 出处同上。

12. 参见拉斐尔 · 拉 · 波塔（Rafael La Porta）、弗洛伦西奥 · 洛佩兹 · 德 · 西拉内斯（Florencio Lopez-de-Silanes）、安德鲁 · 施莱弗（Andre Shleifer）和罗伯特 · 维什尼（Robert Vichny）著《投资者保护和企业治理》（*Investor Protection and Corporate Governance*），《金融经济学杂志》（*Journal of Financial Economics*），58（2000 年），第 3~27 页。

13. 参见西蒙 · 德加科沃（Simeon Djankov）、拉斐尔 · 拉 · 波塔（Rafael La Porta）、弗洛伦西奥 · 洛佩兹 · 德 · 西拉内斯（Florencio Lopez-De-Silanes）和安德鲁 · 施莱弗（Andrei Shleifer）著《市场进入的管制》（*The*

Regulation Of Entry),《经济季刊》(*Quarterly Journal of Economics*) 117，1（2002 年 2 月），第 1~37 页。

14. 参见西蒙 · 德加科沃（Simeon Djankov)、拉斐尔 · 拉 · 波塔(Rafael La Porta)、弗洛伦西奥 · 洛佩兹 · 德 · 西拉内斯(Florencio Lopez-De-Silanes)和安德鲁 · 施莱弗(Andrei Shleifer)著《法院》(*Courts*),《经济季刊》(*Quarterly Journal of Economics*)，118，2（2003 年 5 月），第 453~517 页。

15. 参见胡安 · C · 波特罗(Juan C. Botero)、西蒙 · 德加科沃(Simeon Djankov)、拉斐尔 · 拉 · 波塔(Rafael La Porta)、弗洛伦西奥 · 洛佩兹 · 德 · 西拉内斯(Florencio Lopez-De-Silanes）和安德鲁 · 施莱弗(Andrei Shleifer)著《劳动监察》(*The Regulation of Labor*),《经济季刊》(*Quarterly Journal of Economics*),119，4（2004 年 11 月),第 1 339~1 382 页。

16. 参见拉斐尔 · 拉 · 波塔(Rafael La Porta)、弗洛伦西奥 · 洛佩兹 · 德 · 西拉内斯(Florencio Lopez-De-Silanes）和安德鲁 · 施莱弗(Andrei Shleifer)著《证券法中什么在起作用？》(*What Works in Securities Laws?*),《金融期刊》(*Journal of Finance*)，61，1（2006 年 2 月），第 1~32 页。

17. 参见西蒙 · 德加科沃(Simeon Djankov)、奥利弗 · 哈特(Oliver Hart)、卡拉利 · 麦克利什(Caralee McLiesh）和安德鲁 · 施莱弗(Andrei Shleifer）著《世界范围内的债务强制执法》(*Debt Enforcement around the World*),《政治经济学杂志》(*Journal of Political Economy*),116,6（2008 年),

第 1 105~1 149 页。

18. 参见拉斐尔·拉·波塔（Rafael La Porta）、弗洛伦西奥·洛佩兹·德·西拉内斯（Florencio Lopez-De-Silanes）和安德鲁·施莱弗（Andrei Shleifer）著《法律起源的经济后果》（*The Economic Consequences of Legal Origins*）《经济文献杂志》（*Journal of Economic Literature*），46，2（2008 年 6 月），第 285~332 页。

19. 出处同上，第 300 页。

20. 参见贺卫方著《中国司法独立的不断追求》（*The Ongoing Quest for Judicial Independence in China*）（2001 年），《因正义之名》（*In the Name of Justice*）。

21. 参见格雷夫（Greif）著《通往现代经济的制度与道路》（*Institutions and the Path to the Modern Economy*），第 766~768 页。

22. 参见纳欧米·R·拉莫罗奥斯（Naomi R. Lamoreaux）和琼·劳伦特·罗森塔尔（Jean-Laurent Rosenthal）著《法律体制和企业的组织之选：19 世纪中叶法国和美国之比较》（*Legal Regime and Business's Organizational Choice: A Comparison of France and The United States during the Mid-Nineteenth Century*），美国国民经济研究局（NBER）工作论文 10 288 号（2004 年 2 月），《合同权衡和中小企业组织形式之选择：从美国和法国的历史看开去，1830-2000 年》（*Contractual Tradeoffs and SMEs' Choice of Organizational Form: A View from U.S. and French History, 1830-2000*），美国国

民经济研究局（NBER）工作论文12455号（2006年8月）。

23. 参见蒂莫西·吉内恩（Timothy Guinnane）、朗·夏理士（Ron Harris）、纳欧米·R·拉莫罗奥斯（Naomi R. Lamoreaux）和琼·劳伦特·罗森塔尔（Jean-Laurent Rosenthal）著《让企业适得其所》（*Putting The Corporation In Its Place*），美国国民经济研究局（NBER）工作论文13109号（2007年5月），阿尔多·穆萨基奥（Aldo Musacchio）著《金融民主的实验：巴西的企业治理和金融发展，1882~1950年》（*Experiments in Financial Democracy: Corporate Governance and Financial Development in Brazil, 1882-1950*）（2009年，剑桥）。

24. 参见大卫·考利森（David Collison）、斯图亚特·克罗斯（Stuart Cross）、约翰·弗格森（John Ferguson）、大卫·保尔（David Power）和洛那·史蒂文森（Lorna Stevenson）著《再谈外部融资的法律因素：投资者保护和社会健康发展逆相关》（*Legal Determinants of External Finance Revisited: The Inverse Relationship between investor Protection and Societal Well-Being*），《商业伦理期刊》（*Journal of Business Ethics*），108（2012年），第393~410页。

25. 参见查尔斯·狄更斯著《荒凉山庄》（*Bleak House*）（1852~1853年），第1章。

26. 参见迈克尔·斯莱特（Michael Slater）著《狄更斯：写作的一生》（*Dickens: A Life Defined by Writing*）（2009年，纽黑文），特别是第340~358页。

27. 参见理查德·丹泽（Richard Danzig）著《哈德利诉巴克森戴尔案：工

业化社会法律研究》(*Hadley v. Baxendale: A Study in the Industrialization of the Law*),《法学研究期刊》(*Journal of Legal Studies*), 4, 2 (1975 年 6 月),第 267 页及下文。

28. 参见兰德 · W · 科士达(Rande W. Kostal)著《1825~1875 年间法律和英国铁路资本主义》(*Law and English Railway Capitalism, 1825-1875*)(1994 年,牛津)。

29. 参见理查德 · 丹泽(Richard Danzig)著《哈德利诉巴克森戴尔案》(*Hadley v. Baxendale*),第 277 页。

30. 出处同上,第 252 页注释。

31. 出处同上,第 254 页。

32. 参见克莱沃特 · 本森公司和林肯市政府案(Kleinwort Benson v Lincoln City Council)(1999 年)2 AC,戈夫勋爵(Lord Goff),第 377 页及下文。

33. 参见菲利普 · K · 霍华德 (Philip K. Howard)著《扫屋去尘》(*It's Time to Clean House*),《大西洋月刊》(*Atlantic Monthly*),2012 年 3 月 14 日。

34. 参见《达成监管目标的监管方法:从头来过的蓝图》(*Results-Based Regulation: A Blueprint for Starting Over*),作者同上,《大众利益》(*Common Good*),2011 年 12 月 2 日,参考链接:http://www.commongood.org/blog/entry/philip-k.-howard-on-the-need-for-results-based-regulation。

35. 根据下列资料中数据计算得出:艾达 · A · 布鲁德尼克(Ida A. Brudnick)著《国会议员薪金及津贴》(*Congressional Salaries and Allowances*),《美国

国会研究服务报告》(*Congressional Research Service report*)(2011 年 1 月 4 日), 美国行政管理和预算局 (Office of Management and Budget),《美国政府 2013 财年预算》(*Fiscal Year 2013 Budget of the U.S. Government*)(2010 年, 华盛顿特区),《2013 年联邦司法预算》(*2013 Federal Judicial Budget*), 并参见苏珊 · 达德利 (Susan Dudley) 和梅琳达 · 沃伦 (Melinda Warren) 著《监管方预算的财政僵局: 美国 2011 和 2012 财年预算分析》(*Fiscal Stalemate Reflected in Regulators' Budget: An Analysis of the U.S. Budget for Fiscal Years 2011 and 2012*),《监管方预算报告 33》(*Regulators' Budget Report 33*), 2011 年 5 月 11 日。

36. 参见《影响性政治中心报告》(*Center for Responsive Politics Report*) 所列的 2011 年实际开支, http://www.opensecrets.org/lobby/index.php.

37. 参见尼克 · V · 克莱恩 (Nicole V. Crain) 和 W · 马克 · 克莱恩 (W. Mark Crain) 著 《守法成本对小企业的影响》(*The Impact of Regulatory Costs on Small Firms*), 美国小企业管理局 (*Small Business Administration*), 维护办公室 (Office of Advocacy) (2010 年 9 月)。

38. 参见劳伦斯 · J · 麦克奎兰 (Lawrence J. McQuillan)、霍夫哈奈斯 · 阿布拉米扬 (Hovannes Abramyan) 和安东尼 · P · 阿奇 (Anthony P. Archie) 著《中奖司法: 美国侵权体系的真实成本》(*Jackpot Justice: The True Cost of America's Tort System*)(2007 年, 旧金山), 第 12 页。

39. 参见劳伦斯 · J · 麦克奎兰 (Lawrence J. McQuillan) 和霍夫哈奈

斯·阿布拉米扬（Hovannes Abramyan）《美国侵权责任指数：2010年报告》（*U.S. Tort Liability Index: 2010 Report*）（2010年，旧金山），第18页，查阅韬略咨询公司（Towers Perrin）发表的《2009年美国侵权成本趋势更新》（*2009 Update on U.S. Tort Cost Trends*）（2009年，国家公园）。

40. 参见劳伦斯·奇默林（Lawrence Chimerine）和罗斯·艾森布雷（Ross Eisenbrey）著《侵权法改变带来的乌龙假案：反对法律体系的夸大成本和忽视收益》（*The Frivolous Case for Tort Law Change: Opponents of the Legal System Exaggerate its Costs, Ignore its Benefits*），《经济政治研究所论文简报》（*Economic Policy Institute Briefing Paper*）（2005年5月）。

41. 参见戴维·肯尼迪（David Kennedy）和约瑟夫·斯蒂格利茨（Joseph Stiglitz）著《具有中国特色的法律和经济：21世纪促进发展的制度》（*Law and Economics with Chinese Characteristics: Institutions for Promoting Development in the 21st Century*）。

42. 参见迈克尔·E·波特（Michael E. Porter）、梅赛德斯·戴尔加多（Mercedes Delgado）、克里斯蒂安·基特尔斯（Christian Ketels）和斯科特·斯特恩（Scott Stern）著《转向新的全球竞争力指数》（*Moving to a New Global Competitiveness Index*），世界经济论坛（World Economic Forum），《2008~2009年全球竞争力报告》（*Global Competitiveness Report, 2008-2009*）（2009年，日内瓦）。

43. 参见迈克尔·E·波特（Michael E. Porter）和简·W·利弗金（Jan

W. Rivkin）著《美国竞争力潜在大挑战》（*The Looming Challenge to U.S. Competitiveness*），《哈佛商业评论》（*Harvard Business Review*）（2012 年 3 月），《选择美国》（*Choosing the United States*）。

44. 参见世界经济论坛（World Economic Forum）发表的《2011~2012 年全球竞争力报告》（*Global Competitiveness Report, 2011-2012*）（2011 年，日内瓦）。

45. 参见美国智库传统基金会（Heritage Foundation）发表的《2011 年经济自由度指数》（*Index of Economic Freedom 2011*）（2011 年，华盛顿特区），参考链接：http://www.heritage.org/index/ranking。

46. 参见国际金融公司（International Finance Corporation），《2011 年全球经商环境报告》（*Doing Business 2011*）（2011 年，华盛顿特区）。

47. 参见世界正义工程（World Justice Project），《2011 年法治指数》（*Rule of Law Index 2011*）（2011 年，华盛顿特区）。

48. 参见世界银行发表的《世界治理指数》（*Worldwide Governance Index*），参考链接：www.govindicators.org。

49. 参见国际金融公司（International Finance Corporation），《全球经商环境报告数据》（*Doing Business dataset*），参考链接：http://www.doingbusiness.org/。

50. 参见斯蒂芬·哈格德（Stephan Haggard）和莉迪亚·蒂德（Lydia Tiede）著《法治和经济增长：我们位于何处？》（*The Rule of Law and Economic Growth: Where Are We?*），《世界发展报告》（*World Development*），

39，5 (2011)，第 673~685 页。

51. 参见达龙 · 埃斯莫格卢 （Daron Acemoglu）和詹姆斯 · A · 罗宾逊（James A. Robinson）著《国家为何衰落：权利、繁荣和贫穷的根源》（*Why Nations Fail: The Origins of Power, Prosperity and Poverty*）（2012 年，纽约），第 445 页及下文。

52. 参见郭丹青（Donald C. Clarke）著《中国法院体系的权力和政治：民事判决的执行》（*Power and Politics in the Chinese Court System: The Enforcement of Civil Judgments*），《哥伦比亚亚洲法杂志》（*Columbia Journal of Asian Law*），10，1 （1996 年），第 1~125 页。

53. 参见麦宜生（Ethan Michelson）和刘思达（Sida Lui）著《中国律师究竟想要什么：政治价值还是法律实践》（*What Do Chinese Lawyers Want? Political Values and Legal Practice*），李成（Cheng Li）编《中国的新兴中产阶级：超越经济转型》（*China's Emerging Middle Class: Beyond Economic Transformation*）（2010 年，华盛顿特区），第 310 页及下文、第 316 页、第 320 页、第 328 页及下文。

54. 参见陈露露（Lulu Chen，音译）著《中国大陆改革的最后机会》（*Mainland's Last Chance to Reform*），《南华早报》（*South China Morning Post*），2012 年 6 月 3 日。

55. 参见贺卫方著《宪政的趋势：世界和中国》（*Constitutionalism as a Global Trend and its Impact on China*）（2004 年），《因正义之名》（*In the Name*

of Justice）。

56. 参见曼瑟尔·奥尔森（Mancur Olson）著《国家兴衰探源：经济增长、膨胀与社会僵化》（*The Rise and Decline of Nations: Economic Growth, Stagflation and Social Rigidities*）（1982年，纽黑文/伦敦）。

57. 参见R·艾瑞克·彼得森（R. Eric Petersen）著《众议院与参议院：1945年以来议员特点变化趋势》（*Representatives and Senators: Trends in Member Characteristics Since 1945*），美国国会研究服务中心（Congressional Research Service），2012年2月17日，詹妮弗·E·曼宁（Jennifer E. Manning）著《第112届国会议员：传略》（*Membership of the 112th Congress: A Profile*），美国国会研究服务中心（Congressional Research Service），2011年3月1日，埃德蒙·惕惕（Edmund Tetteh）著《1918~2007年英国选举数据》（*Election Statistics: UK 1918-2007*），英国下院图书馆研究论文08/12（House of Commons Library Research Paper 08/12），2008年2月1日。

第四章　社会文明与野蛮

1. 参见亚历克西斯·托克维尔（Alexis de Tocqueville）著《论美国的民主》（*Democracy in America*），翻译哈维·C·曼斯菲尔德（Harvey C. Mansfield）和夫人德尔巴·温思罗普（Delba Winthrop）（2000年，芝加哥），上卷第2部第12章。

2. 出处同上，下卷第2部第5章。

3. 出处同上。

4. 参见马文 · 欧拉斯基（Marvin Olasky）著《美国同情心的悲剧》（*The Tragedy of American Compassion*）（1992 年，华盛顿特区）。

5. 参见爱德华 · C · 班菲尔德（Edward C. Banfield）著《落后社会的道德基础》（*The Moral Basis of a Backward Society*）（1958 年，伊利诺伊州格兰克）。

6. 参见罗伯特 · D · 普特南 （Robert D. Putnam）著 《独自打保龄：美国社区的衰落与复兴》（*Bowling Alone: The Collapse and Revival of American Community*）（2000 年，纽约）。

7. 参见西达 · 斯考切波（Theda Skocpol）著《被贬低的民主：从公民权到美国公民生活中的管理》（*Diminished Democracy: From Membership to Management in American Life*）（2003 年，俄克拉何马州诺曼）。

8. 参见查尔斯 · 莫雷 （Charles Murray）著《分道扬镳的社会：1960~2010 年美国白人的状况》（*Coming Apart: The State of White America, 1960-2010*）（2012 年，纽约）。

9. 参见彼得 · 霍尔（Peter Hall）著《英国的社会资本》（*Social Capital in Britain*），《英国政治学杂志》（*British Journal of Politics*），29（1999 年），第 419 页。

10. 参见何塞 · 哈里斯（José Harris）著《英国 20 世纪的社会和国家》（*Society and the State in Twentieth Century Britain*），F · M · L · 汤普森（F.M.L.

Thompson）编《剑桥英国社会史，1750~1950年》（*The Cambridge Social History of Britain 1750-1950*），第三卷，《社会机构和制度》（*Social Agencies and Institutions*）（1990年，牛津），第68页。

11. 参见罗伯特·汉弗莱斯（Robert Humphreys）著《贫困救济和慈善，1869~1945年》（*Poor Relief and Charity, 1869-1945*）（2001年，伦敦），表2.7，表3.2，表4.1和表4.2，第55、68、105、109页。

12. 参见简·路易斯（Jane Lewis）著《英国的志愿组织、国家和社会工作：1869年以来的慈善事业协会和家庭福利协会》（*The Voluntary Sector, the State, and Social Work in Britain: The Charity Organisation Society and the Family Welfare Association Since 1869*）（1995年，伦敦）。

13. 参见彼得·A·霍尔（Peter A. Hall）《英国的社会资本》（*Social Capital in Britain*），《英国政治学杂志》（*British Journal of Political Science*），29（1999），第421页及下文。

14. 比较《友爱合作社》（*Friendly Societies*），《英国医学期刊》（*British Medical Journal*）（1909年12月25日），以及友爱合作社登记资料《2000~2001年友爱合作会登记处处长报告书》（*Report of the Chief Registrar, 2000-2001*）（2001年，伦敦）。

15. 参见P·H·J·H·戈斯登（P.H.J.H. Gosden）著《自助：19世纪的志愿团体》（*Self-Help: Voluntary Associations in the 19th Century*）（1973年，里兹），表3.1和表4.5，第42页，第104页。

16. 参见埃文·斯科弗（Evan Schofer）和马里恩·福卡德·古林查斯（Marion Fourcade-Gourinchas）著《公民参与的社会结构：志愿团体会员率的比较研究》（*The Structural Contexts of Civic Engagement: Voluntary Association Membership in Comparative Perspective*），《美国社会学评论》（*American Sociological Review*），66（2001 年 12 月），第 808 页。

17. 参见英国国家志愿组织协会（National Council for Voluntary Organizations），《参与度：趋势、资料和统计数据》（*Participation: Trends, Facts and Figures*）（2011 年 3 月），第 18 页。

18. 参见埃德·考利（Edd Cowley）、汤姆·麦肯切尔（Tom McKenzie）、凯西·法如夫（Cathy Pharoah）和萨拉·史密斯（Sarah Smith）著《捐赠新局面：家庭慈善捐赠的 30 年（1978~2008 年）》（*The New State of Donation: Three Decades of Household Giving to Charity, 1978-2008*），布里斯托大学市场与公共组织中心（Centre for Market and Public Organisation, University of Bristol）（2011 年 2 月）。

19. 参见罗伯特·卢瑟福（Robert Rutherfoord）著《英国社团活动：2009~2010 年公民调查报告》（*Community Action in England: A Report on the 2009-10 Citizenship Survey*）（2011 年 12 月），《英国社团精神：2009~2010 年公民调查报告》（*Community Spirit in England: A Report on the 2009-10 Citizenship Survey*）（2011 年 12 月）。

20. 参见埃里克·施密特（Eric Schmidt）和贾里德·科恩（Jared

Cohen）著《数字化干扰：权力的集中与分散》（*The Digital Disruption: Connectivity and the Diffusion of Power*），《外交事务》（*Foreign Affairs*）（2010年11/12月）。

21. 参见尼克尔·B·埃里森（Nicole B. Ellison）、查尔斯·斯坦菲尔德（Charles Steinfield）和克里夫·兰普（Cliff Lampe）著《脸书"朋友"的益处：社会资本和大学生对在线社交网站的使用》（*The Benefits of Facebook" Friends": Social Capital and College Students Use of Online Social Network Sites*），《电脑中介传播学刊，12，4》（*Journal of Computer-Mediated Communication, 12, 4*）（2007年），参考链接：http://jcmc.indiana.edu/vol12/issue4/ ellison.html；并参见尼克尔·B·埃里森（Nicole B. Ellison）、查尔斯·斯坦菲尔德（Charles Steinfield）和克里夫·兰普（Cliff Lampe）著《联系战略：脸书式传播方式的社会资本影响》（*Connection Strategies: Social Capital Implications of Facebook-enabled Communication Practices*），《新媒体学会》（*New Media Society*），13，6（2011年），第873~892页。

22. 参见亚历克西斯·托克维尔（Alexis de Tocqueville）著《论美国的民主》（*Democracy in America*）下卷第4部第6章。

23. 出处同上，下卷第2部第5章。

24. 参见彼得·H·林德特（Peter H. Lindert）著《话语权与经济增长：丘吉尔对了么？》（*Voice and Growth: Was Churchill Right?*），美国《经济史杂志》（*Journal of Economic History*），63，2（2003年6月），第315~350页，及其《福

利国家何以看似是免费午餐》(*Why the Welfare State Looks Like a Free Lunch*),美国国民经济研究局(NBER)工作论文 9869 号 (2003 年 7 月)。并参见高杉(音译,Sun Go)与彼得 · H · 林德特(Peter H. Lindert)著《美国公立学校之初见》(*The Curious Dawn of American Public Schools*),美国国民经济研究局(NBER)工作论文 13335 号 (2007 年 8 月)。

25. 参见保罗 · 科里尔(Paul Collier)著《私立与公立:教育分歧之弥合》(*Private v State: Here's How to Bridge the Educational Divide*),英国《独立报》(*Independent*),2010 年 1 月 14 日。

26. 参见《本末倒置》(*The Horse before the Cart*),《经济学人》(*Economist*),2011 年 9 月 17 日。

27. 参见《教育改革:回归学校》(*Education Reform: Back to School*),《经济学人》(*Economist*),2011 年 9 月 9 日。

28. 参见莫根斯 · 坎普 · 贾斯特逊(Mogens Kamp Justesen)著《向欧洲学习:荷兰和丹麦教育体系中的父母授权》(*Learning from Europe: Parental Empowerment in the Dutch and Danish Education Systems*),亚当 · 斯密研究所(Adam Smith Institute)(2002 年)。

29. 2010~2011 年结果参考链接:http://www.successacademies.org/page.cfm?p=11。

30. 参见《家财万贯》(*The Ties that Binds*),《经济学人》(*Economist*),2012 年 3 月 28 日。

31. 参见詹姆斯 · 托雷（James Tooley）著《美丽大树：世界上的最贫困人群接受教育的个人之旅》（*The Beautiful Tree: A Personal Journey into How the World's Poorest People Are Educating Themselves*）（2009 年，华盛顿特区）。

32. 参见马丁 · 韦斯特（Martin West）和卢德格尔 · 沃斯曼因（Ludger Woessmann）著《"天主教学校的每个天主教徒"：学校教育、现代学校竞争和跨国学生成就的历史阻力》（*"Every Catholic in a Catholic School": Historical Resistance to State Schooling, Contemporary School Competition, and Student Achievement Across Countries*），《经济学杂志》（*Economic Journal*），120，546（2010 年），第 229~255 页。

33. 参见托比 · 海姆（Toby Helm）和朱利安 · 考曼（Julian Coman）著《英国坎特伯雷大主教罗万 · 威廉姆斯博士对卡梅伦首相的"大社会"理念不屑一顾》（*Rowan Williams Pours Scorn on David Cameron's "Big Society"*），《卫报》（Guardian），2012 年 6 月 24 日。

34. 参见《马丁 · 塞姆在苏格兰会议上就大社会所作发言》（*Martin Sime Addresses the Big Society in Scotland Conference*），2011 年 10 月 28 日，参考链接：http://www.scvo.org.uk/scvo-news/martin-sime-addresses-the-big-society-in-scotland-conference/。

结语

1. 参见罗伯特 · C · 艾伦（Allen, Robert C.）、让 · 帕斯 · 卡巴萨尼

奥（Jean-Pascal Bassino）、马德斌（Debin Ma）、克里斯汀·莫欧·莫瑞达（Christine Moll-Murata）和杨·卢坦·范·赞登（Jan Luiten Van Zanden）著《1739~1925年中国工资、物价、生活水平与欧洲、日本和印度之比较》（*Wages, Prices, and Living Standards in China, 1739-1925: in Comparison with Europe, Japan, and India*），《经济史评论》（*Economic History Review*），64 (2011)，表3，第36页。

2. 参见奥雷·C·阿申费尔特（Orley C. Ashenfelter）著《实际工资比较》（*Comparing Real Wages*），美国国民经济研究局（NBER）工作论文18006号（2012年4月）。

3. 参见荣·昂兹（Ron Unz）著《种族、智商和财富》（*Race, IQ and Wealth*），《美国保守派》（*American Conservative*）（2012年8月），以及理查德·林恩（Richard Lynn）和塔图·万哈宁（Tatu Vanhanen）所著《智商与国家财富》（*IQ and the Wealth of Nations*）针锋相对的批判性文章（2002年，康涅狄格西港）。

4. 根据马纽埃尔·赛斯（Emmanuel Saez）的文件TabFig 2010.xls，图A1，计算得出，参考链接：http://emlab.berkeley.edu/users/saez/。

5. 出处同上，数据图 data-Fig A1，参考链接：http://emlab.berkeley.edu/users/saez/。

6.参见麦肯锡全球学会发表的《城市化世界：城市和增长中的消费群体》（*Urban World: Cities and the Rise of the Consuming Class*）（2012年6月），

第 20 页，并参见麦肯锡全球学会发表的《印度城市在觉醒：建设包容性城市，实现经济持续增长》(*India's Urban Awakening: Building Inclusive Cities, Sustaining Economic Growth*)(2010 年 4 月)。

7. 参见杰弗里 · 韦斯特(Geoffrey West)著《为何城市持续发展，企业和人民却终有一死，而生命节奏不断加快》(*Why Cities Keep Growing, Corporations and People Always Die, and Life Gets Faster*)，美国《Edge》杂志，2011 年 7 月 17 日，并参见韦斯特的精彩TED演讲，参考链接：http://www.ted.com/talks/geoffrey_west_the_surprising_math_of_cities_and_corporations. html。

8. 基于大卫 · 科恩(David Cohen)著《地球自然资源报表》(*Earth's Natural Wealth: An Audit*)所提供数据，《新科学家》(*New Scientist*)，2007 年 5 月 23 日，化石燃料数据来自英国石油公司(BP)以及 2011 年中期的市场价格。

9. 参见迈克尔 · 梅肯(Michael Milken)著《同路人何在？众志成城再建美国世纪》(*Where's Sputnik? Summoning the Will to Create the Next American Century*)，《梅肯研究院评论》(*Milken Institute Review*)，2011 年第 2 季度，第 1~20 页。

10. 参见安永会计师事务所发表的《世界不是平的：经济增长全球化和新战略》(*The World is Bumpy: Globalization and New Strategies for Growth*)(2012 年)，图 4，第 8 页。

11. 参见斯蒂芬 · 平克(Steven Pinker)著《天性善良的天使：暴力的衰

微极其心理根源》（*The Better Angels of our Nature: The Decline of Violence and its Psychological Roots*）（2011 年，纽约）。

12. 参见安德鲁 · 奥德里兹科（Andrew Odlyzko）著《国债枷锁、经济革命、众大谬误》（*Crushing National Debts, Economic Revolutions, and Extraordinary Popular Delusions*），明尼苏达大学（University of Minnesota）工作论文（2012 年）。

13. 参见卡门 · M · 莱因哈特（Carmen M. Reinhart）、文森特 · R · 莱因哈特（Vincent R. Reinhart）和肯尼斯 · S · 罗格夫（Kenneth S. Rogoff）著《债务积压：过去和现在》（*Debt Overhangs: Past and Present*），美国国民经济研究局（NBER）工作论文 18015 号（2012 年 4 月）。

14. 参见保罗 · 克鲁格曼（Paul Krugman）著《金钱无用》（*Money for Nothing*），《纽约时报》（2012 年 7 月 26 日）。

15. 参见彼得 · 泰尔（Peter Thiel）著《敏捷盲骑士》（*Swift Blind Horseman*），美国《国家评论》杂志（*National Review*），2011 年 10 月 3 日。

16. 参见彼得 · 特琴（Peter Turchin）著《1780~2010 年美国政治不稳定的动力》（*Dynamics of Political Instability in the United States, 1780-2010*），《和平研究杂志》（*Journal of Peace Research*）。

17. 参见美国总统在弗吉尼亚罗阿诺克竞选活动中的演讲，2012 年 7 月 13 日，参考链接：http://www.whitehouse.gov/the-press-office/2012/07/13/remarks-president-campaign-event-roanoke-virginia。

致谢

THE GREAT DEGENERATION

本书因英国BBC电台4台2012年里斯讲座系列而有机会问世与读者见面，因此我要首先感谢电台4台的掌门人格温妮丝·威廉姆斯能邀请我主持讲座，感谢编辑修·列文森、制作人简·贝雷斯福德以及推广人苏·劳利。以往一些的讲座的主持人已将里斯讲座的高度提高到令人生畏的位置，但是BBC团队将这些内容化繁为简，使之妙趣横生，这令我始料未及。

还要感谢担任我本次项目的研究助理丽安纳·索，以及我在伦敦、纽约的编辑西蒙·温德和安·葛多芙，以及我的代理安德鲁·威利。

本书的创作得到了很多专家朋友的大力支持，他们阅读了讲稿或本书部分章节的草本并提出了宝贵意见，其中我要特别感谢的是：查尔斯·比尔、哈诺德·卡特、道格拉斯·弗林特和保尔·塔克。同时还要感谢我在格林曼特的同事：皮埃尔保罗·巴比埃里、乔舒亚·拉克特、哈桑·马利克及杰森·罗凯特，他们都直接或间接地帮助我完成了本部书稿的创作。

就制度和发展话题所作论述的学界同仁，我已在正文及注释中加以介绍以示感谢。令人惋惜的是，在听过讲座后，提出深刻问题和见解的观众我无法一一致谢，但我的确也对他们深怀感激。我还要感谢主办讲座的 4 所机构，它们分别是：伦敦经济学院、纽约历史学会、格雷沙姆学院以及皇家爱丁堡学会。

最后，在这些讲座的构想、写作、实施直至最后成书之际，正值我的小儿子来到人间 7 个月，我将本书献给他作为礼物。

附录
THE GREAT DEGENERATION

Introduction

Beyond 'Deleveraging'

Almost a quarter of a century ago, in the summer of 1989, Francis Fukuyama could boldly predict 'an unabashed victory of economic and political liberalism . . . the Triumph of the West' and proclaim that 'the end point of mankind's ideological evolution' was 'the universalization of Western liberal democracy as the final form of human government'.[1] How different the world looks now. 'Economic liberalism' is a tarnished brand, while the proponents of 'state capitalism' in China and elsewhere openly deride Western democracy. The West is stagnating, and not only in economic terms. In 2012 the World Bank expected the European economy to contract and the US to grow by just 2 per cent. China would grow four times faster than that, India three times faster. By 2016, according to the International Monetary Fund, the gross domestic product of

China would overtake that of the United States.* Those who invested in the West in 1989 have been punished (they have made nothing since 2000), while those who invested in the Rest have been richly rewarded. This 'great reconvergence' is a far more astonishing historical event than the collapse of communism that Fukuyama so astutely anticipated. At the time he wrote, the world's centre of economic gravity was still firmly in the North Atlantic. Today it is beyond the Urals, and by 2025 it will be just north of Kazakhstan – on roughly the same line of latitude as it was in 1500, on the eve of Western ascendancy.[2]

The voguish explanation for the Western slowdown is 'deleveraging': the painful process of debt reduction (or balance sheet repair). Certainly, there are few precedents for the scale of debt in the West today. This is only the second time in American history that combined public and private debt has exceeded 250 per cent of GDP. In a survey of fifty countries, the McKinsey Global Institute identifies forty-five episodes of deleveraging since 1930. In only eight was the initial debt/GDP ratio above 250 per cent, as it is today not only in the US but also in all the major English-speaking countries (including Australia and Canada), all the major continental European countries (including Germany), plus Japan and South Korea.[3] The

* On a purchasing-power parity basis, adjusting for the fact that non-tradable goods and services are much cheaper in China than in the United States. In current dollar terms, the Chinese economy will still be 60 per cent the size of the American in 2016 - compared with just 8 per cent in 1989.

deleveraging argument is that households and banks are struggling to reduce their debts, having gambled foolishly on ever rising property prices. But as they have sought to spend less and save more, aggregate demand has slumped. To prevent this process from generating a lethal debt deflation, governments and central banks have stepped in with fiscal and monetary stimulus unparalleled in time of peace. Public sector deficits have helped to mitigate the contraction, but they risk transforming a crisis of excess private debt into a crisis of excess public debt. In the same way, the expansion of central bank balance sheets (the monetary base) prevented a cascade of bank failures, but now appears to have diminishing returns in terms of reflation and growth.

Yet more is going on here than just deleveraging. Consider this: the US economy created 2.6 million jobs in the three years beginning in June 2009. In the same period, 3.1 million workers signed up for disability benefits. The percentage of working-age Americans collecting disability insurance rose from below 3 per cent in 1990 to 6 per cent.[4] Unemployment is being concealed – and rendered permanent – in ways all too familiar to Europeans. Able-bodied people claim to be disabled and never work again. And they also stay put. Traditionally around 3 per cent of the US population moves to a new state each year, usually in pursuit of work. That rate has halved since the financial crisis began in 2007. Social mobility has also declined. And, unlike the Great Depression of the 1930s, our 'Slight Depression' is doing little to reduce the yawning inequality in income distribution that has developed over the past three decades. The income share of the top 1 per cent of households rose from 9 per cent in 1970 to 24 per cent in 2007. It declined by less than 4 percentage points in the subsequent three years of crisis.

You cannot blame all this on deleveraging. In the United States, the wider debate is about globalization, technological change, education and fiscal policy. Conservatives tend to emphasize the first and second as inexorable drivers of change, destroying low-skilled jobs by 'offshoring' or automating them. Liberals prefer to see widening inequality as the result of insufficient investment in public education, combined with Republican reductions in taxation that have favoured the wealthy.[5] But there is good reason to think that there are other forces at work – forces that tend to get overlooked in the tiresomely parochial slanging match that passes for political debate in the United States today.

The crisis of public finance is not uniquely American. Japan, Greece, Italy, Ireland and Portugal are also members of the club of countries with public debts in excess of 100 per cent of GDP. India had an even larger cyclically adjusted deficit than the United States in 2010, while Japan faced a bigger challenge to stabilize its debt/GDP ratio at a sustainable level.[6] Nor are the twin problems of slow growth and widening inequality confined to the United States. Throughout the English-speaking world, the income share of the top '1 per cent' of households has risen since around 1980. The same thing has happened, albeit to a lesser extent, in some European states, notably Finland, Norway and Portugal, as well as in many emerging markets, including China.[7] Already in 2010 there were at least 800,000 dollar millionaires in China and sixty-five billionaires. Of the global '1 per cent' in 2010, 1.6 million were Chinese, approaching 4 per cent of the total.[8] Yet other countries, including Europe's most successful economy, Germany, have not become more unequal, while some less developed countries, notably Argentina, have become less equal without becoming more global.

By definition, globalization has affected all countries to some degree. So, too, has the revolution in information technology. Yet the outcomes in terms of growth and distribution vary hugely. To explain these differences, a narrowly economic approach is not sufficient. Take the case of excessive debt or leverage. Any highly indebted economy confronts a narrow range of options. There are essentially three:

1. raising the rate of growth above the rate of interest thanks to technological innovation and (perhaps) a judicious use of monetary stimulus;
2. defaulting on a large proportion of the public debt and going into bankruptcy to escape the private debt; and
3. wiping out of debts via currency depreciation and inflation.

But nothing in mainstream economic theory can predict which of these three – or which combination – a particular country will select. Why did post-1918 Germany go down the road of hyperinflation? Why did post-1929 America go down the road of private default and bankruptcy? Why not the other way round? At the time of writing, it seems less and less likely that any major developed economy will be able to inflate away its liabilities as happened in many cases in the 1920s and 1950s.[9] But why not? Milton Friedman's famous dictum that inflation is 'always and everywhere a monetary phenomenon' leaves unanswered the questions of who creates the excess money and why they do it. In practice, inflation is primarily a *political* phenomenon. Its likelihood is a function of factors like the content of elite education; competition (or the lack of it) in an economy; the character of the legal system; levels of violence; and the political decision-making process itself. Only by historical methods can we explain why, over the past thirty years, so many countries created forms of debt that, by design, cannot be inflated away; and why, as a result, the next generation will be saddled for life with liabilities incurred by their parents and grandparents.

In the same way, it is easy to explain why the financial crisis was caused by excessively large and leveraged financial institutions, but much harder to explain why, after more than four years of debate, the problem of 'too big too fail' banks has not been solved. Indeed, despite the passage of legislation covering literally thousands of pages, it has got markedly worse.[10] Today, a mere ten highly diversified financial institutions are responsible for three-quarters of total financial assets under management in the United States. Yet the country's largest banks are at least $50 billion short of meeting new capital requirements under the new 'Basel III' accords governing bank capital adequacy. Again, only a political and historical approach can explain why Western politicians today simultaneously call for banks to lend more money and for them to shrink their balance sheets.

Why is it now a hundred times more expensive to bring a new medicine to market than it was sixty years ago – a phenomenon Juan Enriquez has called 'Moore's Law† in reverse'? Why would the Food and Drug Administration probably prohibit the sale of table salt if it were put forward as a new pharmacological product (it is after all toxic in large doses)?[11] Why, to give another suggestive example, did it take an American journalist sixty-five days to get official permission (including, after a wait of up to five weeks, a Food Protection Certificate) to open a lemonade stand in New York City?[12] This is the kind of debilitating red tape that development economists often blame for poverty in the developing world. The rationale for the FDA's rigid standards is to avoid the sale of a drug like thalidomide. But the unintended consequence is almost certainly to allow many more people to die prematurely than were affected by the side-effects of thalidomide. We count and recount

† Moore's Law, formulated by Intel co-founder George Moore in 1965, predicted a doubling of the number of transistors that can be packed on to a computer chip every two years.

the costs of such side-effects. We do not count the costs of not allowing new drugs to be made available.

Why exactly has social mobility declined in the United States in the past thirty years, so that the probability has more than halved that a man born into the bottom 25 per cent of the income distribution will end his life in the top quartile?[13] Once the United States was famed as a land of opportunity, where a family could leap from 'rags to riches' in a generation. But today, if you are born to parents in the bottom income quintile, you have just a 5 per cent chance of getting into the top without a college degree. What Charles Murray has called the 'cognitive elite', educated at exclusive private universities, intermarried and congregated in a few 'super zip codes', looks increasingly like a new caste, equipped with the wealth and power to override the effects of mean reversion in human reproduction, so that even their dimmer progeny inherit their lifestyle.[14]

The Stationary State

In two seldom quoted passages of *The Wealth of Nations*, Adam Smith described what he called 'the stationary state': the condition of a formerly wealthy country that had ceased to grow. What were the characteristics of this state? Significantly, Smith singled out its socially regressive character. First, wages for the majority of people were miserably low:

> Though the wealth of a country should be very great, yet if it has been long stationary, we must not expect to find the wages of labour very high in it . . . it is in the progressive state, while the society is advancing to the further acquisition, rather than when it has acquired its full complement of riches, that the condition of the labouring poor, of the great body of the people, seems to be the happiest and the most comfortable. It is hard in the stationary, and miserable in the declining state. The progressive state is in reality the cheerful and the hearty state to all the different orders of the society. The stationary is dull; the declining melancholy.[15]

The second hallmark of the stationary state was the ability of a corrupt and monopolistic elite to exploit the system of law and administration to their own advantage:

> In a country too, where, though the rich or the owners of large capitals enjoy a good deal of security, the poor or the owners of small capitals enjoy scarce any, but are liable, under the pretence of justice, to be pillaged and plundered at any time by the inferior mandarins, the quantity of stock employed in all the different branches of business transacted within it can never be equal to what the nature and extent of that business might admit. In every different branch, the oppression of the poor must establish the

monopoly of the rich, who, by engrossing the whole trade to themselves, will be able to make very large profits.[16]

I defy the Western reader not to feel an uneasy sense of recognition in contemplating those two passages.

In Smith's day, of course, it was China that had been 'long stationary': a once 'opulent' country that had simply ceased to grow. Smith blamed China's defective 'laws and institutions' – including its bureaucracy – for the stasis. More free trade, more encouragement for small business, less bureaucracy and less crony capitalism: these were Smith's prescriptions to cure Chinese stasis. He was a witness to what such things were doing in the late eighteenth century to galvanize the economy of the British Isles and its American colonies. Today, by contrast, if Smith could revisit those same places, he would behold an extraordinary reversal of fortunes. It is we Westerners who are in the stationary state, while China is growing faster than any other major economy in the world. The boot of economic history is on the other foot.

This book is about the causes of our stationary state. It is inspired by Smith's insight that both stagnation and growth are in large measure the results of 'laws and institutions'. Its central thesis is that what was true of China in Smith's day is true of large parts of the Western world in our time. It is our laws and institutions that are the problem. The Great Recession is merely a symptom of a more profound Great Degeneration.

The Four Black Boxes

To demonstrate that Western institutions have indeed degenerated, I am going to have to open up some long-sealed black boxes. The first is the one labelled 'democracy'. The second is labelled 'capitalism'. The third is 'the rule of law'. And the fourth is 'civil society'. Together, they are the key components of our civilization. I want to show that inside these political, economic, legal and social black boxes are highly complex sets of interlocking institutions. Like the circuit boards inside your computer or your smartphone, it is these institutions that make the gadget work. And if it stops working, it is probably because of a defect in the institutional wiring. You cannot understand what is wrong just by looking at the shiny casing. You need to look inside.

Perhaps, on reflection, that electronic metaphor is the wrong one. After all, most institutions evolve organically; they are not designed in California by the historical equivalent of Steve Jobs. A better analogy might be with the collective structures we see in the natural world. Beehives are the classic example. Ever since the satirist Bernard Mandeville's book *The Fable of The Bees: or, Private Vices, Public Benefits*, published in 1714, people have drawn parallels between humans in a market economy and bees in a hive. The parallel has its merits, as we shall see, though it is actually in our political organization rather than our economic organization that we most closely resemble bees (a point Mandeville well understood). The simple point is that institutions are to humans what hives are to bees. They are the structures within which we organize ourselves as groups. You know when you are inside one, just as a bee knows when it is in the hive. Institutions have boundaries, often walls. And, crucially, they have rules.

For some readers, I dare say, the word 'institution' still conjures up a Victorian vision of lunatic asylums: poor old Niall, he's in an *institution* now. That is not the kind of institution I mean. I am talking about, for example, political institutions, like the British Parliament or the American Congress. When we talk about 'democracy', we are in fact referring to a number of different interlocking institutions. People sticking pieces of paper into ballot boxes, yes. Their elected representatives making speeches and voting in a large assembly hall, yes. But those things alone do not automatically give you democracy. Outwardly, the legislators of countries like Russia and Venezuela are elected, but neither qualifies as a true democracy in the eyes of impartial observers, not to mention those of local opposition leaders.

Just as important as the act of putting crossed or stamped papers in ballot boxes are the institutions – usually parties – that nominate candidates for election. Just as important as the parties are the officials – civil servants, judges or ombudsmen – whose responsibility it is to ensure that the elections are fair. And then it matters hugely how the legislature itself actually operates. A body of elected representatives can be anything from a wholly sovereign entity, as the British Parliament was until European law began to encroach on it, to an impotent rubber stamp, like the old Soviet Congress of People's Deputies. Its members can stoutly uphold the interests of their constituents (including those who voted against them), or they can be in hock to the vested interests that financed their election campaigns.

In August 2011, as Colonel Gaddafi's regime in Libya was falling apart, a BBC correspondent in Benghazi spotted some remarkable graffiti on a wall. On the left side of the wall there was a classically straightforward revolutionary message: 'The tyrant should fall, he's a monster.' Direct and to the point. But on the right side, the message was anything but simple. It read: 'We want constitutional rule and for the president to have less authority and the four-year presidential term should not be extended.'[17] As that (quite correctly) suggests, the devil in any political transition lies in the detail of the constitution, not to mention the rules governing the constituent assembly that designs it.

How does the legislature stand relative to the executive and the judiciary? Most constitutions spell that out. But how do the organs of civilian government relate to the military, a question of burning importance in Egypt? Nor can one stop there. Modern nation-states have developed a whole range of institutions that were undreamed of as recently as a hundred years ago, dedicated to regulating economic and social life and redistributing income. The welfare state is not part of democracy as the ancient Athenians conceived of it. In bee terms, the welfare state seems to create an ever increasing number of dependent drones whom the worker-bees have to support. It also employs a great many bees simply to transfer resources from the workers to the drones. And it seeks to finance itself by accumulating claims on the future, in the form of public debt. In Chapter 1, I will consider this and other distributional aspects of democracy. In particular, I will ask if we are witnessing a fundamental breakdown in what Edmund Burke called the partnership between the generations.

These days, nearly everyone claims to be democratic. I have even heard it claimed that the Chinese Communist Party is democratic. 'Capitalist', by contrast, is a word too often used as a term of abuse to be much used in polite company. How do the institutions of the democratic state and those of the market economy relate to one another? Do corporations play an active part in politics, through lobbyists and campaign contributions? Do governments play an active part in economic life, through subsidies, tariffs and other market-distorting devices, or through regulation? What is the right balance to be struck between economic freedom and government regulation? Chapter 2 will address these issues. The specific question I ask is how far very complex regulation has become the disease of which it purports to be the cure, distorting and corrupting both the political and the economic process.

A crucial institutional check on both political and economic actors is the rule of law. It is inconceivable that either democracy or capitalism could function without an effective system of justice, where the rules devised by the legislature can be enforced, where the rights of the individual citizen can be upheld and where disputes between citizens or corporate entities can be resolved in a peaceful and rational manner. But which system of law is better: common law? or some other form? The rule of *sharia* is clearly very different from the rule of law as the English political philosopher John Locke understood it.

In some ways, the key to comparing different codes of law is what might be called 'the law of rules': the way that law itself is made. In some systems, like Islam, the rules have been prescribed in considerable detail, for eternity, by a divinely inspired prophet. According to the stricter schools of Muslim thought, they cannot be changed. In others, like the English common law, the rules evolve organically, as judges weigh up the competing claims of precedent and the changing needs of society. Chapter 3 will ask the question whether one system of law – in particular, the common law – is superior to the others. I will also ask how far the English-speaking world still enjoys an advantage in this respect. In particular, I want to warn that the rule of law is in danger – at least in parts of the English-speaking world – of degenerating into something more like the rule of *lawyers*. Are Americans really better served by their legal system than Englishmen were by theirs at the time of Dickens's *Bleak House*?

Finally, there is civil society. Properly understood, it is the realm of voluntary associations: institutions established by citizens with an objective other than private profit.

These can range from schools – although in modern times most educational institutions have been absorbed into the political realm – to clubs dedicated to the full range of human activities, from aeronautics to zoology. Once again we encounter the importance of rules, though here they may seem trivial, like the obligation on members of most London clubs to wear ties and keep their jackets on at dinner, even on a sweltering-hot evening.

There was a time when the average Briton or American belonged to a startlingly large number of clubs and other voluntary societies. It was one of the features of the English-speaking world that most impressed the great French political theorist Alexis de Tocqueville. But in Chapter 4 I shall ask why that is no longer true, and how far it is possible for a truly free society to flourish in the absence of the kind of vibrant civil society we used to take for granted. Are the new social networks of the internet in any sense a substitute for traditional associational life? I shall argue that they are not.

Why Institutions Fail

If we are like bees in the realm of politics, playing our assigned parts in an essentially hierarchical hive, we have more freedom of action in the economic sphere. There, our institutions recall the wildlife of the Serengeti, the 'endless plains' of northern Tanzania and southern Kenya. Some of us are wildebeest, grazing as we move in the herd. Others of us (rather fewer) are predators. I am afraid there are some scavengers and parasites, too. The whole thing is an ecosystem in which Darwinian forces are constantly at work, naturally selecting the fittest from the unfit. Likewise, in civil society, we form our groups and bands rather in the way that chimpanzees and baboons do. Like the clubs we humans used to be so fond of joining, a baboon troop has its rules and its hierarchies.

Of course, there is no law governing the wild animals of Africa other than the proverbial law of the jungle. We humans are different. While part of our lives may be spent in a Darwinian struggle, we do expect there to be rules: rules to constrain our rulers; rules to constrain the predators and parasites who prey on the herbivores. The rule of law, properly understood, has no real analogue in the non-human world. The nearest I can think of is the man-made infrastructure that surrounds us, shaping the landscape, sheltering us and constraining us. The law sets parameters in the same way that walls and fences do. This way is much too steep; that way you risk drowning. Some systems of law resemble centrally planned cities: like Moscow, with its over-wide avenues and homogenizing apartment blocks. Others are more like London: an unplanned complex of irregular streets and idiosyncratic buildings, the organic product of centuries of building and rebuilding by private and public property owners.

What makes humans so very interesting to study – the reason I am an historian and not a zoologist – is that our lives combine all of these elements. We live, simultaneously, in a bewildering number of institutions. We are at one and the same time citizens, residents and taxpayers of states; shareholders, managers or employees; litigants, defendants, judges and jurors; club members, officials and trustees. *Homo economicus* is only one of the many parts we play.

The key point is that not all sets of institutions, when you add up the sum of the parts, are equal. There are good and bad combinations. In some sets of institutions, people can flourish freely as individuals, as families, as communities. That is because the institutions effectively incentivize us to do good things – like, for example, inventing new and more efficient ways of working, or co-operating with our neighbours rather than trying to murder them. Conversely, there are institutional frameworks that have the opposite effect: incentivizing bad behaviour like killing people who annoy us, or stealing property we covet, or idling away our time. Where bad institutions pertain, people get stuck in vicious circles of ignorance, ill health, poverty and, often, violence. Unfortunately, history suggests that there are more of these suboptimal frameworks than there are good frameworks. A really good set of institutions is hard to achieve. Bad institutions, by contrast, are easy to get stuck in. And this is why most countries have been poor for most of history, as well as illiterate, unhealthy and bloody.

I admire contemporary social scientific work that distinguishes between 'open' and 'closed' sets of institutions,[18] but as an historian I find that distinction too simplistic. For one of the puzzles of modern history is that successful societies – like eighteenth-century England – often had institutions that today most people would be inclined to condemn. Already by the time of the Victorians, Hanoverian England looked shockingly corrupt in retrospect. And even in the 1850s, to Charles Dickens, England's rule of law was still an object of derision, not admiration. Moreover, the historical approach reveals a point that is often overlooked. It is certainly desirable that societies with bad institutions should get better ones. We see that process going on today all over the world, in much of Asia, in parts of South America and even in Africa. But there is a more insidious process that is going on at the same time, whereby societies with good institutions gradually get worse ones. Why is this? Who exactly are the enemies of the rule of law, the people responsible for the marked deterioration that I detect in our institutions on both sides of the Atlantic?

My answers to these questions owe a considerable debt to a now large body of academic literature. Major influences on my thinking include Douglass North, who won the Nobel Prize for Economics for his work on institutions;

the pre-eminent economist of modern Africa, Paul Collier, author of *The Bottom Billion* and *Plundered Planet*; Hernando de Soto, the Peruvian economist and author of *The Mystery of Capital*; Andrei Shleifer and his numerous co-authors, who have pioneered an economic approach to the comparative study of legal systems; and Jim Robinson and Daron Acemoglu, whose book *Why Nations Fail* asks similar questions to the ones that interest me. I owe these and the other scholars acknowledged in the notes a deep intellectual debt.

However, they would be the first to agree that much more attention has been paid to the question of why poor nations stay poor, as opposed to the question of why rich nations revert to poverty, a somewhat less common phenomenon. My concern here is not with economic development but rather with the opposite process of institutional degeneration. My over-arching question is: what exactly has gone wrong in the Western world in our time? I answer that question in the belief that, until we understand the true nature of our degeneration, we will be wasting our time, applying quack remedies to mere symptoms. I am also actuated by the fear that, paradoxically, the economic stationary state may have dangerously dynamic political consequences.

1. The Human Hive

Explaining the Great Divergence

'Nature . . . is a thynge of great myghte and efficacye,' wrote the English humanist Richard Taverner in his *Garden of Wysdome*, 'but surely institution or bringynge up, is moche mightier, whiche is hable to amende, reforme & strengthen a croked and evyll nature, and turn the same into a good nature.'[1] Taverner's words sum up what is fast becoming a compelling consensus: that institutions – in the broadest sense of the term – determine modern historical outcomes, more than natural forces like the weather, geography or even the incidence of disease.

Why, after around 1500, did Western civilization – as found in the quarrelsome petty states of Western Eurasia and their colonies of settlement in the New World – fare so much better than other civilizations? From the 1500s until the late 1970s, there was an astonishing divergence in

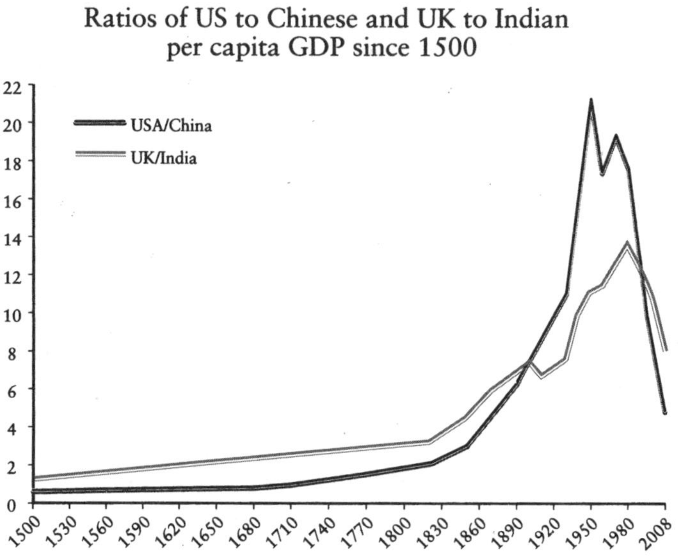

Figure 1.1
Source: Angus Maddison, 'Historical Statistics of the World Economy: 1–2008 AD': http://www.ggdc.net/MADDISON/oriindex.htm.

global living standards, as Westerners became far richer than, well, Resterners. As recently as 300 years ago, the average Chinese was probably still a bit better off than the average North American. By 1978, the average American was at least twenty-two times richer than the average Chinese (see Figure 1.1).[2] History's great divergence was not just economic. It was also a divergence in terms of longevity and health. As recently as 1960, life expectancy in China was in the low forties, whereas already in the United States it had reached seventy.[3] Westerners dominated the realm of science, as well as that of popular culture. To an astonishing degree they also continued to rule the world even after the demise of the dozen or so formal empires which, at their zenith, had covered nearly three-fifths of the world's land surface and population and accounted for at least three-quarters of global economic output. It was a conceit of the Cold War to refer to the Soviet empire as 'the East'; in reality it was the last European empire to rule over large tracts of Asia.

How are we to explain this, the ultimate global imbalance, which placed a minority of mankind – at most a fifth – in such a position of material and political superiority over the rest? It seems implausible that it was due to some innate superiority of Europeans, as the racial theorists of the nineteenth and twentieth centuries often argued. The gene pool was surely not so different in the year 500, when the western end of Eurasia was entering a period of nearly a thousand years of relative stagnation. Likewise, the climate, topography and natural resources of Europe were much the same in 1500 as they had been in 500. Throughout the Dark Ages and medieval period, European civilization showed no obvious sign of outperforming the great Oriental empires. With all due respect to Jared Diamond, geography and its agricultural consequences may explain why Eurasia did better than other parts of the world; but it can't explain why the western end of Eurasia did so much better than the eastern end after 1500.[4]

Nor can we explain the great divergence in terms of imperialism; the other civilizations did plenty of that before Europeans began crossing oceans and conquering. For the historian Kenneth Pomeranz, who coined the phrase 'the great divergence', it was really just a matter of luck. Europeans were fortunate enough to stumble on the so-called 'ghost acres' of the Caribbean, which were soon providing the peoples of the Atlantic metropoles with abundant sugar, a compact source of calories unavailable to most Asians. Europeans were also fortunate to have more readily accessible deposits of coal.[5] Yet this argument leaves unanswered the questions of why the Chinese were not as assiduous as Europeans in the search for colonial ghost acres overseas; and why they were unable to solve the technical challenges of mining coal the way the British did.

I believe the best answers to the question of what caused the great divergence focus on the role of institutions. For example, Douglass North, John Wallis and Barry Weingast distinguish between two phases or patterns of human organization.[6] The first is what they call the natural state or 'limited access pattern', characterized by:

- a slow-growing economy;
- relatively few non-state organizations;
- a small and quite centralized government, operating without the consent of the governed; and
- social relationships organized along personal and dynastic lines.

The second is the 'open access pattern', characterized by:

- a faster-growing economy;
- a rich and vibrant civil society with lots of

organizations;
- a bigger, more decentralized government; and
- social relationships governed by impersonal forces like the rule of law, involving secure property rights, fairness, and (at least in theory) equality.

In their account, West European states – led by England – were the first to make the transition from 'limited access' to 'open access'. In order to do this, a country has to 'develop institutional arrangements that enable elites to create the possibility of impersonal intra-elite relationships' and then to 'create and sustain new incentives for elites to successfully open access within the elite'. At this point, 'Elites transform their personal privileges into impersonal rights. All elites are given the right to form organizations . . . at that point, the logic . . . has changed from the natural state logic of rent-creation through privileges to the open access logic of rent-erosion through entry.'

Between the Conquest and the Glorious Revolution, England went from being a 'fragile' natural state to being a 'basic' one and then a 'mature one', characterized by an 'extensive set of institutions governing, regulating, and enforcing property rights in land capable of supporting impersonal exchange among elites'. The rule of law for elites was one of the three 'doorstep conditions', prior to the transition to an open-access system, the others being the emergence of perpetually lived organizations in the public [and] private sphere[s]' and the 'consolidated control of the military'. For North, Wallis and Weingast, the decisive breakthrough to open access came with the American and French Revolutions, which saw the spread of incorporation in various forms, and the legitimation of open competition in both the economic and political spheres. At each stage of the argument, then, their emphasis is on institutions, beginning with changes in English land law after the eleventh century, and culminating with changes in the legal treatment of corporate entities in the nineteenth century.

In a similar vein, Francis Fukuyama's *Origins of Political Order* defines 'the three components of a modern political order' as 'a strong and capable state, the state's subordination to a rule of law and government accountability to all citizens'.[7] These three components came together for the first time in Western Europe, with England once again the trailblazer (though Fukuyama gives credit to the Netherlands, Denmark and Sweden for not being far behind). Why Europe and not Asia? Because, says Fukuyama, the idiosyncratic development of Western Christendom tended to undercut the importance of extended families or clans.

In their book *Why Nations Fail*, too, Daron Acemoglu and Jim Robinson make a striking comparison between Egypt today and England in the late seventeenth century:

> The reason that Britain is richer than Egypt is because in 1688 . . . England . . . had a revolution that transformed the politics and thus the economics of the nation. People fought for and won more political rights and used them

> to expand their economic opportunities. The result was a fundamentally different political and economic trajectory, culminating in the Industrial Revolution.[8]

In their terms, England was the first country to move to having 'inclusive' or 'pluralistic' rather than 'extractive' political institutions. Note that other West European societies – for instance, Spain – failed to do this. As a result, the outcomes of European colonization in North and South America were radically different. The English exported inclusive institutions; the Spaniards were content to superimpose their extractive ones on top of those they took over from the Aztecs and Incas.

The imperial context also reveals the difference between the institutional argument and the older cultural interpretation – first formulated by Max Weber, later revived by David Landes – that there was some link between Protestantism and the 'spirit of capitalism'. Unlike the Nazi in Hanns Johst's play *Schlageter*, I do not reach for my revolver when I hear the world culture, but I do issue a polite health warning. It is very tempting to attribute historical agency to an amalgam of ideas and norms – Greek philosophy, the Hebrew Commandments, Roman law, Christ's ethics, the doctrine of Luther and Calvin – called something like 'Judaeo-Christian culture'. But there is a real risk of cherry-picking here. Somehow no really terrible Western ideas like, say, witch-burning or communism ever get mentioned, though they seem just as plausibly the products of Judaeo-Christian culture as the spirit of capitalism. In any case, while culture may instil norms, institutions create incentives. Britons versed in much the same culture behaved very differently depending on whether they emigrated to New England or joined the East India Company. In the former case we find inclusive institutions, in the latter extractive ones.

Glorious Institutions

The debate about the causes of the great divergence is of more than merely historical interest. Understanding Western success helps us to frame some rather more urgent questions about the recent past, the present and possible futures. One reason the institutional argument is so compelling is that it also seems to offer a good explanation for the failure of most non-Western countries, until the later twentieth century, to achieve sustained economic growth. Acemoglu and Robinson illustrate the power of institutions relative to geography and culture by describing the city of Nogales, which is bisected by the US–Mexican border. The difference in living standards between the two halves is shocking.[9] The same point can be made with regard to the two great experiments run during the Cold War. Essentially, we took two peoples – the Koreans and the Germans – and we divided them in two. South Koreans and West Germans got essentially capitalist institutions; North Koreans and East Germans got communist ones. The divergence that occurred in the space of just a few decades was enormous. Their analysis makes Acemoglu and Robinson sceptical that China has yet made the decisive breakthrough to sustainable growth. In their view, Chinese market reforms remain subject to the decisions of an exclusive and extractive elite, which continues to determine the allocation of key resources.

Development economists – notably Paul Collier – have been thinking in these terms for some time.[10] The case of Botswana seems to illustrate the point that even a sub-Saharan African economy can achieve sustained growth if its people are not plagued by chronic corruption and/or civil war like, say, the Democratic Republic of Congo. Unlike most post-colonial African states, Botswana succeeded in establishing inclusive not extractive institutions when it gained its independence. The Peruvian economist Hernando de Soto is another who has been arguing for years that institutions are what matter.[11] By slogging away in the shanty towns of Lima, Port-au-Prince, Cairo and Manila, he and his researchers established that, though their incomes are low, the poor of the world have a surprisingly large amount of property. The problem is that this property is not legally recognized as theirs. It is nearly all held 'extra-legally'. This is not because the poor are tax-dodgers. As de Soto makes clear, the black economy has its own kind of taxation – protection rackets and the like – which make legality positively attractive. It is just that getting legal title to a house or a workshop is well-nigh impossible.

As an experiment, de Soto and his team tried to establish a small garment workshop on the outskirts of Lima on a legal basis. It took them a staggering 289 days to do so. And when they tried to secure legal authorization to build a house on state-owned land, it took even longer: six years and eleven months, during which they had to deal with fifty-two different government offices. Dysfunctional institutions like these, de Soto argues, are what force the poor to live outside the law. We should not imagine that the extra-legal economy is marginal. One of the most memorable findings of de Soto's book *The Mystery of Capital* is that the total value of the real estate held (but not legally owned) by the poor of developing countries amounts to $9.3 trillion. Yet, in the absence of legal titles and a working system of property law, this is all so much 'dead capital': 'like water in a lake high up in the Andes ? an untapped stock of potential energy'. It cannot be efficiently used to generate wealth. Only with a working system of property rights can a house become collateral, can its value be properly established by the market, can it easily be bought and sold.

Since de Soto published *The Mystery of Capital*, revolutions in countries like Tunisia and Egypt have provided compelling evidence in support of his approach. He sees the 'Arab Spring' primarily as a revolt by frustrated would-be entrepreneurs against corrupt, rent-seeking regimes that preyed on their efforts to accumulate capital. The prime example is the story of the twenty-six-year-old Tarek Mohamed Bouazizi, who burned himself to death in front of the governor's offices in the town of Sidi Bouzid in December 2010.[12] Bouazizi killed himself precisely one hour after a policewoman, backed by two municipal officers, had expropriated his two crates of pears, a crate of bananas, three crates of apples and a second-hand electronic weight scale worth $179. Those scales were his only capital. He did not have legal title to his family home, which might otherwise have served as collateral for his business. His existence as a businessman depended on the 'fees' he paid to officials to allow him to operate his fruit-stand on two square yards of public land. Their arbitrary act of expropriation cost Mohamed Bouazizi his livelihood and his life. But his self-immolation sparked a revolution – though how glorious a revolution remains to be seen. It will depend on how far new constitutional arrangements in countries like Tunisia and Egypt achieve the shift from an extractive to an inclusive state, from the arbitrary power of rent-seeking elites to the rule of law for all.

If de Soto's approach is right, then it does make a great deal of sense to explain the success of the West after the 1500s in terms of institutions, and particularly the rule of law. For what was at the heart of England's seventeenth-century battles over Parliamentary power was surely the protection of individuals from arbitrary expropriation by the Crown. To specialist historians, of course, all this smacks suspiciously of the old Whig interpretation of history that Herbert Butterfield once held up to ridicule. Yet none of the authors I have been quoting takes a naively determinist view of the historical process. Far from being a story of teleological inevitability, these are authentically evolutionary narratives, in which contingency plays a major role. England was not preordained by Providence to become (as in *1066 and All That*) 'top nation'. Only a series of near-run things averted an absolutist outcome in the seventeenth century. There were, after all, rebellions in 1692, 1694, 1696, 1704, 1708 and 1722, and a civil war in 1715 – not forgetting the Jacobite Rising of 1745.[13]

The real question is how decisive an institutional break occurred in 1688. The majority of historians would say: not very. The Glorious Revolution, they argue, was backward looking, 'conservationist', with minimal consequences outside the narrow sphere of aristocratic power and patronage.[14] I think this is too parochial a view. The 1689 Bill of Rights – the Act Declaring the Rights and Liberties of the Subject – states (among other things):

- that levying money for or to the use of the Crown by pretence of prerogative, without grant of Parliament, for longer time, or in other manner than the same is or shall be granted, is illegal;
- that election of members of Parliament ought to be free;

- that the freedom of speech and debates or proceedings in Parliament ought not to be impeached or questioned in any court or place out of Parliament;
- and that for redress of all grievances, and for the amending, strengthening and preserving of the laws, Parliaments ought to be held frequently.

With all due respect to the specialists, I think this does deserve to be seen as an historical turning point, even if religious prejudice (anti-Catholicism) loomed as large as constitutional principle at the time.

True, the 'rights and liberties of the subject' set out in the 1689 Bill of Rights were conceived at the time as ancient rather than novel. But the consequences of the Glorious Revolution really were new, not least in the way Parliaments after 1689 set about energetically legislating for economic development, protecting the infant textile industry, encouraging the enclosure of common land, promoting turnpike roads and canals. Even war became an increasingly profitable activity as the Whigs launched their bid for global commercial supremacy.[15] The sequence is clear: first the Glorious Revolution, then agricultural improvement, then imperial expansion, then industrial revolution.

The institutional argument is even more compelling when we take a comparative approach. None of the institutional changes I am talking about happened in Ming or Qing

China, where the power of the Emperor and his officials remained unrestrained by semi-autonomous corporate bodies or representative assemblies. Asia had merchants; it did not have companies, much less parliaments.[16] Institutions as they evolved in the Ottoman Empire were also significantly different in ways that hampered capital formation and economic development, as Timur Kuran has argued. This was because Islamic law took a fundamentally different approach to partnership, inheritance, questions of debt and corporate personalities from the legal systems that developed in Western Europe. Islam had *waqfs*, unincorporated trusts established by individuals, but not banks.[17]

The Inglorious Revolution

So if institutional evolution is the key to understanding Western ascendancy as well as enduring poverty in Africa and elsewhere, is this also how should we understand what is surely the most astonishing trend of our lifetimes: the end of the great divergence, and the advent of a great reconvergence between West and East? I think it is. What we need to do is to apply the insights of the institutional school of economic history to our own time – indeed, to our own Western societies.

Writing in the 1770s, it seemed obvious to Adam Smith

that the reasons for China's puzzling 'stationary state' of economic stagnation lay in its 'laws and institutions'. Could it be, by the same token, that the economic, social and political difficulties of the Western world today reflect a degeneration of our once world-beating institutions? There certainly seems little doubt that the West is experiencing a relative decline unlike anything we have seen in half a millennium. Having been more than twenty times richer than the average Chinese in 1978, the average American is now just five times richer. In a whole range of dimensions, the gap between the West and the Rest has narrowed dramatically. In terms of life expectancy and educational attainment, for example, some Asian countries are now ahead of most in the West. According to the 2009 OECD PISA study, the gap in mathematical attainment between the teenagers of the Shanghai district of China and those of the United States is now as big as the gap between American teenagers and Tunisians.[18]

In some ways, it is easy to explain non-Western success. China has belatedly followed a number of other East Asian countries – the first was Japan – in downloading most (not all) of what I have called the 'killer applications' of Western civilization: economic competition, the scientific revolution, modern medicine, the consumer society and the work ethic.[19] Copying the Western model of industrialization and urbanization tends to work if your entrepreneurs have the right incentives, your labour force is basically healthy, literate and numerate, and your bureaucracy is reasonably efficient. So in what follows I am going to say relatively little about what has gone right in the rest of the world. What interests me here is what has gone wrong in the West.

Most commentators who address this question tend to concern themselves with phenomena like excessive debt, mismanaged banks and widening inequality. To my mind, however, these are nothing more than symptoms of an underlying institutional malaise: an Inglorious Revolution, if you like, which is undoing the achievements of half a millennium of Western institutional evolution.

Debt and the English

The title of this chapter – 'The Human Hive' – is an allusion to Mandeville's poem, *The Fable of the Bees*. Mandeville's central point was that societies with the right institutions can flourish even when the individuals who live in them misbehave. It was not biblical virtue that made eighteenth-century England richer than almost anywhere in the world, but rather secular vices. It was just that these vices had what economists like to call 'positive network externalities' precisely because the institutions of British society at that time were favourable to saving, investment and innovation.

After the Glorious Revolution of 1688, as we have seen, the monarch was subordinated to Parliament. Not only did the Whigs who dominated the new regime usher in an age of agricultural improvement, commercial growth and imperial expansion. Financial institutions also developed rapidly: William of Orange brought more than just Protestantism with him from Holland; he also brought templates for a central bank and a stock market. Meanwhile, numerous associations, societies and clubs encouraged scientific and technological innovation. As Robert Allen has shown, the specifically British combination of cheap coal and dear labour encouraged innovation in productivity-enhancing technologies, especially in textile production.[20] But the institutions provided the indispensable framework for all this. Here is Mandeville's version:

> A Spacious Hive well stock'd with Bees,
> That lived in Luxury and Ease;
> And yet as fam'd for Laws and Arms,
> As yielding large and early Swarms;
> Was counted the great Nursery
> Of Sciences and Industry.
> No Bees had better Government,
> More Fickleness, or less Content.
> They were not Slaves to Tyranny,
> Nor ruled by wild Democracy;
> But Kings, that could not wrong, because
> Their Power was circumscrib'd by Laws.

There was one particular institution that decisively altered the trajectory of English history. In a seminal article published in 1989, North and Weingast argued that the real significance of the Glorious Revolution lay in the credibility that it gave the English state as a sovereign borrower. From 1689, Parliament controlled and improved taxation, audited royal expenditures, protected private property rights and effectively prohibited debt default. This arrangement, they argued, was 'self-enforcing', not least because property owners were overwhelmingly the class represented in Parliament. As a result, the English state was able to borrow money on a scale that had previously been impossible because of the sovereign's habit of defaulting or arbitrarily taxing or expropriating.[21] The late seventeenth and early eighteenth century thus inaugurated a period of rapid accumulation of public debt without any rise in borrowing costs – rather the reverse.

This was in fact a benign development. Not only did it enable England to become Great Britain and, indeed, the British Empire, by giving the English state unrivalled financial resources for making – and winning – war. By accustoming the wealthy to investment in paper securities, it also paved the way for a financial revolution that would channel English savings into everything from canals to railways, commerce to colonization, ironworks to textile mills. Though the national debt grew enormously in the course of England's many wars with France, reaching a peak of more than 260 per cent of GDP in the decade after 1815, this leverage earned a handsome return, because on the other side of the balance sheet, acquired largely with a debt-financed navy, was a global empire. Moreover, in the century after Waterloo, the debt was successfully reduced with a combination of sustained growth and primary budget surpluses. There was no default. There was no inflation. And Britannia bestrode the globe.

The Partnership between the Generations

In the rest of this chapter, I want to make an argument about our modern representative government – and what ails it. My starting assumption is the conventional one that it is generally better for government to be in some way representative of the governed than not. This is not just because democracy is a good thing *per se*, as Amartya Sen has argued, but also because a representative government is more likely than an authoritarian government to be responsive to shifting popular preferences and is therefore less likely to make the kind of horrendous mistakes authoritarian rulers often make. Those today who dismiss Western democracy as 'broken' – and I hear their lamentations with growing frequency – are wrong to yearn for some kind of Beijing model of a one-party state in which decisions are taken by technocrats on the basis of five-year plans. It was the same system that gave China both Special Economic Zones and the One-Child Policy: the former a success, the latter a disaster, the full costs of which are as yet incalculable.

But the critics of Western democracy are right to discern that something is amiss with our political institutions. The most obvious symptom of the malaise is the huge debts we have managed to accumulate in recent decades, which (unlike in the past) cannot largely be blamed on wars. According to the International Monetary Fund, the gross government debt of Greece will reach 153 per cent of GDP in 2012. For Italy the figure is 123, for Ireland 113, for Portugal 112 and for the United States 107. Britain's debt is approaching 88 per cent. Japan – a special case as the first non-Western country to adopt Western institutions – is the world leader, with a mountain of government debt approaching 236 per cent of GDP, more than triple what it was twenty years ago.* Even more striking are the ratios of debt to government revenue, which after all is where the interest and redemption payments must come from (see Figure 1.2).

Often these debts get discussed as if they themselves are the problem, and the result is a rather sterile argument between proponents of 'austerity' and 'stimulus'. I want to suggest that they are a consequence of a more profound institutional malfunction.

* Note that I leave aside the very large private debts that have been incurred by households and by financial and non-financial corporations. If one adds these together with the government debts, the burdens have no precedent in history: Japan 512 per cent of GDP, Britain 507 per cent, France 346 per cent, Italy 314 per cent, the United States 279 per cent, Germany 278 per cent.

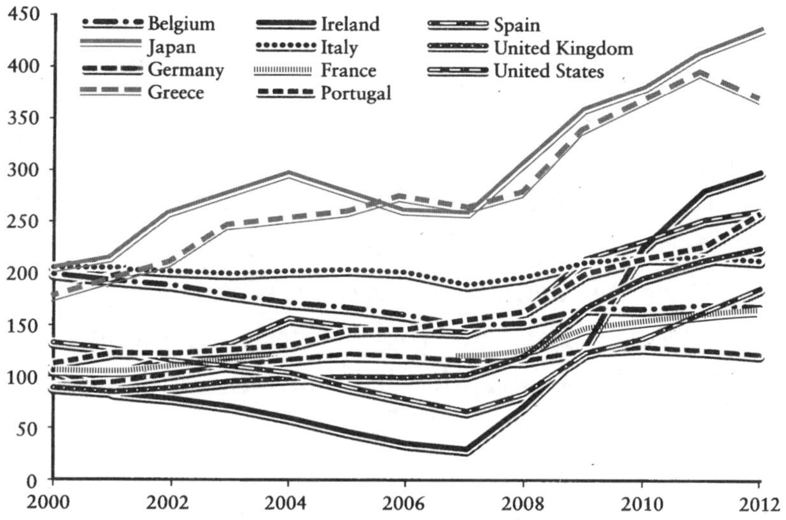

Figure 1.2
Source: International Monetary Fund, World Economic Outlook Database, April 2012: http://www.imf.org/external/pubs/ft/weo/2012/01/weodata/index.aspx.

The heart of the matter is the way public debt allows the current generation of voters to live at the expense of those as yet too young to vote or as yet unborn. In this regard, the statistics commonly cited as government debt are themselves deeply misleading, for they encompass only the sums owed by governments in the form of bonds. The rapidly rising quantity of these bonds certainly implies a growing charge on those in employment, now and in the future, since – even if the current low rates of interest enjoyed by the biggest sovereign borrowers persist – the amount of money needed to service the debt must inexorably rise. But the official debts in the form of bonds do not include the often far larger unfunded liabilities of welfare schemes like – to give the biggest American programmes – Medicare, Medicaid and Social Security.

The best available estimate for the difference between the net present value of federal government liabilities and the net present value of future federal revenues is $200 trillion, nearly thirteen times the debt as stated by the US Treasury. Notice that these figures, too, are incomplete, since they omit the unfunded liabilities of state and local governments, which are estimated to be around $38 trillion.[22] These mind-boggling numbers represent nothing less than a vast claim by the generation currently retired or about to retire on their children and grandchildren, who are obliged by current law to find the money in the future, by submitting either to substantial increases in taxation or to drastic cuts in other forms of public expenditure.

To illustrate the magnitude of the American problem, the economist Laurence Kotlikoff calculates that to eliminate the federal government's fiscal gap would require an immediate 64 per cent increase in all federal taxes or an immediate 40 per cent cut in all federal expenditures.[23] When Kotlikoff compiled his 'generational accounts' for the United Kingdom more than a decade ago, he estimated (on what proved to be the correct assumption that the then government would increase welfare and healthcare spending) that there would need to be a 31 per cent increase in income tax revenues and a 46 per cent increase in national insurance revenues to close the fiscal gap.[24]

In his *Reflections on the Revolution in France* (1790), Edmund Burke wrote that the real social contract is not Jean-Jacques Rousseau's contract between the sovereign and the people or 'general will', but the 'partnership' between the generations. In his words:

> one of the first and most leading principles on which the commonwealth and the laws are consecrated is, lest the temporary possessors and life-renters in it, unmindful of what they have received from their ancestors or of what is due to their posterity, should act as if they were the entire masters, that they should not think it among their rights to cut off the entail or commit waste on the inheritance by destroying at their pleasure the whole original fabric of their society, hazarding to leave to those who come after them a ruin instead of an habitation – and teaching these successors as little to respect their contrivances as they had themselves respected the institutions of their forefathers . . . SOCIETY is indeed a contract . . . the state . . . is . . . a partnership not only between those who are living, but between those who are living, those who are dead, and those who are to be born.

In the enormous inter-generational transfers implied by current fiscal policies we see a shocking and perhaps unparalleled breach of precisely that partnership.

I want to suggest that the biggest challenge facing mature democracies is how to restore the social contract between the generations. But I recognize that the obstacles to doing so are daunting. Not the least of these is that the young find it quite hard to compute their own long-term economic interests. It is surprisingly easy to win the support of young voters for policies that would ultimately make matters even worse for them, like maintaining defined benefit pensions for public employees. If young Americans knew what was good for them, they would all be in the Tea Party.† A second problem is that today's Western democracies now play such a large part in redistributing income that politicians who argue for cutting expenditures nearly always run into the well-organized opposition of one or both of two groups: recipients of public sector pay and recipients of government benefits.

Is there a constitutional solution to this problem? The simplistic answer – which has already been adopted in a number of American states as well as in Germany – is some kind of balanced-budget amendment, which would reduce the discretion of lawmakers to engage in deficit spending, much as the practice of giving central banks independence reduced lawmakers' discretion over monetary policy. The trouble is that the experience of the financial

† A few months after the March 2012 coup in Mali, I was struck by the following observation by an American anthropologist in Bamako: 'There is an inchoate notion among young people that the political class is taking away their futures.' At some point this same inchoate notion will start playing a major role in US politics.

crisis has substantially strengthened the case for using the government deficit as a tool to stimulate the economy in times of recession, to say nothing of the wider case for deficit-financed public investment in infrastructure. In 2011, following a German lead, continental European leaders sought to solve that problem by resolving to limit only their structural deficits, leaving themselves room for manoeuvre for cyclical deficits as and when required. But the problem with this 'fiscal compact' is that only two Eurozone governments are currently below the mandated 0.5 per cent of GDP ceiling, most have structural deficits at least four times too large, and experience suggests that any government that tries seriously to reduce its structural deficit ends up being driven from power.

It is perhaps not surprising that a majority of current voters should support policies of inter-generational inequity, especially when older voters are so much more likely to vote than younger voters. But what if the net result of passing the buck for the baby-boomers' profligacy is not just unfair to the young but economically deleterious for everyone? What if uncertainty about the future is already starting to weigh on the present? As Carmen Reinhart and Ken Rogoff have suggested, it is hard to believe that developed-country growth rates will be unaffected by mountains of debt in excess of 90 per cent of GDP.[25] Anxiety about a fast-approaching 'fiscal cliff' may have been one reason why the US economy did not achieve 'escape velocity' in 2012.

Unsettling Accounts

It seems as if there are only two possible ways out of this mess. In the good but less likely scenario, the proponents of reform succeed, through a heroic effort of leadership, in persuading not only the young but also a significant proportion of their parents and grandparents to vote for a more responsible fiscal policy. As I have already explained, this is very hard to do. But I believe there is a way of making such leadership more likely to succeed, and that is to alter the way in which governments account for their finances.

The present system is, to put it bluntly, fraudulent. There are no regularly published and accurate official balance sheets. Huge liabilities are simply hidden from view. Not even the current income and expenditure statements can be relied upon. No legitimate business could possibly carry on in this fashion. The last corporation to publish financial statements this misleading was Enron.

There is in fact a better way. Public sector balance sheets can and should be drawn up so that the liabilities of governments can be compared with their assets. That would help clarify the difference between deficits to finance investment and deficits to finance current consumption. Governments should also follow the lead of business and adopt the Generally Accepted Accounting Principles. And, above all, generational accounts should be prepared on a regular basis to make absolutely clear the inter-generational implications of current policy.

If we do not do these things – if we do not embark on a wholesale reform of government finance – then I am afraid we are going to end up with the bad, but more likely, second scenario. Western democracies are going to carry on in their current feckless fashion until, one after another, they follow Greece and other Mediterranean economies into the fiscal death spiral that begins with a loss of credibility, continues with a rise in borrowing costs, and ends as governments are forced to impose spending cuts and higher taxes at the worst possible moment. In this scenario, the endgame involves some combination of default and inflation. We all end up as Argentina.

There is, it is true, a third possibility, and that is what we now see in Japan and the United States, maybe also in the United Kingdom. The debt continues to mount up. But deflationary fears, central bank bond purchases and a 'flight to safety' from the rest of the world keep government borrowing costs down at unprecedented lows. The trouble with this scenario is that it also implies low to zero growth over decades: a new version of Adam Smith's stationary state. Only now it is the West that is stationary.

As our economic difficulties have worsened, we voters have struggled to find the appropriate scapegoat. We blame the politicians whose hard lot it is to bring public finances under control. But we also like to blame bankers and financial markets, as if their reckless lending was to blame for our reckless borrowing. We bay for tougher regulation, though not of ourselves. This brings me to the subject of my second chapter. In it, I shall turn from the realm of politics to the realm of economics – from the human hive of democracy to the Darwinian jungle of the market – to ask if here, too, we are witnessing a tendency towards institutional degeneration in the Western world.

In this chapter, I have tried to show that excessive public debts are a symptom of the breakdown of the social contract between the generations. In my next I shall ask if excessively complex government regulation of markets is in fact the disease of which it purports to be the cure. The rule of law has many enemies, as we shall see. But among its most dangerous foes are the authors of very long and convoluted laws.

2. The Darwinian Economy

The Deregulation Illusion

What is the biggest problem facing the world economy today? To listen to some people, you might think the correct answer is insufficient financial regulation. According to a number of influential commentators, the origins of the financial crisis that began in 2007 – and still does not seem to be over – lie in decisions dating back to the early 1980s that led to a substantial deregulation of financial markets. In the good old days, we are told, banking was 'boring'. In the United States, the Glass–Steagall Act of 1933 separated the activities of commercial and investment banks until its supposedly fateful repeal in 1999.

'Reagan-era legislative changes essentially ended New Deal restrictions on mortgage lending,' the Princeton economist Paul Krugman has written. 'It was only after the Reagan deregulation that thrift gradually disappeared from the American way of life . . .' It was 'also mainly thanks to Reagan-era deregulation' that the financial system 'took on too much risk with too little capital'.[1] In another of his newspaper columns, Krugman looked back fondly to a 'long period of stability after World War II'. This was 'based on a combination of deposit insurance, which eliminated the threat of bank runs, and strict regulation of bank balance sheets, including both limits on risky lending and limits on leverage, the extent to which banks were allowed to finance investments with borrowed funds'.[2] It was indeed a golden age: the 'era of boring banking was also an era of spectacular economic progress'.[3] 'Overall business productivity in America grew faster in the post-war generation, an era in which banks were tightly regulated and private equity barely existed, than it has since our political system decided that greed was good.'[4]

Krugman is by no means a lone voice. Simon Johnson has written a devastating account of financial recklessness in his book *Thirteen Bankers*.[5] Even Chicago's Richard Posner has joined the chorus calling for a restoration of Glass–Steagall.[6] To cap it all, the architect of the behemoth Citigroup, Sandy Weill himself, has now recanted.[7] The first draft of the history of the financial crisis is in, and here is what it says: deregulation was to blame. Unfettered after 1980, financial markets ran amok, banks blew up and then had to be bailed out. Now they must be fettered once again.

As will become clear, it is not my purpose to whitewash the bankers. But I do believe this story is mostly wrong. For one thing, it is hard to think of a major event in the US crisis – beginning with the failures of Bear Stearns and Lehman Brothers – that could not equally well have happened with Glass–Steagall still in force. Both were pure investment banks that could equally well have been mismanaged to death before 1999. The same goes for Countrywide, Washington Mutual and Wachovia, commercial lenders that blew up without dabbling in investment banking. For another, the claim that the economic performance of the US economy before Ronald Reagan was superior to what followed because of the tighter controls on banks before 1980 is simply laughable. Productivity certainly grew faster between 1950 and 1979 than between 1980 and 2009. But it grew faster in the 1980s and 1990s than in the 1970s. And it consistently grew faster than in Canada after 1979. Unlike Paul Krugman, I think there were probably a few other factors at work in the changing productivity growth of the past seventy years: changes in technology, education and globalization are among those that spring to mind. But if I wanted to make his kind of facile argument I could triumphantly point out that Canada retained a far more tightly regulated banking system than the US – and as a result lagged behind in terms of productivity.

To a British listener, if not to an American, there is something especially implausible about the story that regulated financial markets were responsible for rapid growth, while deregulation caused crisis. British banking was also tightly regulated prior to the 1980s. The old City of London was constrained by an elaborate web of traditional guild-like restrictions. The merchant banks – members of the august Accepting Houses Committee – concerned themselves, at least notionally, with accepting commercial bills and issuing bonds and shares. Commercial or retail banking was controlled by a cartel of big 'high street' banks, which set deposit and lending rates. Within the Stock Exchange autonomous brokers sold, while jobbers bought. Over all these gentlemanly capitalists, the Governor of the Bank of England watched with a benign but sometimes stern headmasterly eye, checking ungentlemanly conduct with a mere movement of his celebrated eyebrows.[8] On top of these conventions, a bewildering range of statutory regulations had been imposed before, during and after the Second World War. The 1947 Exchange Control Act strictly limited transactions in currencies other than sterling, controls that remained in place until 1979. Even after the breakdown of the system of fixed exchange rates established at Bretton Woods, the Bank of England routinely intervened to influence the sterling exchange rate. Banks were regulated under the 1948 Companies Act, the 1958 Prevention of Fraud (Investments) Act and the 1967 Companies Act. The 1963 Protection of Depositors Act created an additional tier of regulation for deposit-taking institutions that were not classified as banks under the arcane rules known as 'Schedule 8' and 'Section 127'.[9] Following the report of the 1959 Radcliffe Committee, which argued that the traditional tools of monetary policy were insufficient, a fresh layer of controls was added in the form of ceilings on bank lending.[10] Consumer credit (which mainly took the form of 'hire purchase' or installment plans) was also tightly regulated. Banks recognized as such by the Old Lady of Threadneedle Street were required to maintain a 28 per cent liquidity ratio, which in practice meant holding large amounts of British government bonds.

Yet there was anything but 'spectacular economic progress' in this era of financial regulation. On the contrary, the 1970s were arguably Britain's most financially disastrous decade since the 1820s, witnessing not only a major banking crisis, but also a stock market crash, a real estate bubble and bust and double-digit inflation, all rounded off by the arrival of the International Monetary Fund in 1976. That era also had its Bernie Madoff, its Bear Stearns and its Lehman Brothers – though who now remembers Gerald Caplan of London and County Securities, or Cedar Holdings, or Triumph Investment Trust? Admittedly, the secondary banking crisis was partly due to a botched change to banking regulation by the government of Edward Heath. But it would be quite wrong to characterize this as deregulation; if anything, the new system – named, significantly, 'Competition and Credit Control' – was more elaborate than the one it replaced. Moreover, egregious errors of monetary and fiscal policy were just as important in the crisis that followed. In my view, the lesson of the 1970s is not that deregulation is bad, but that bad regulation is bad, especially in the context of bad monetary and fiscal policy.[11] And I believe the very same can be said of our crisis, too.

A Regulated Crisis

The financial crisis that began in 2007 had its origins precisely in over-complex regulation. A serious history of the crisis would need to have at least five chapters on its perverse consequences:

First, the executives of large publicly owned banks were strongly incentivized to 'maximize shareholder value' since their own wealth and income came to consist in large measure of shares and share options in their own institutions. The easiest way they could do this was to maximize the size of their banks' activities relative to their capital. All over the Western world, balance sheets grew to dizzying sizes relative to bank equity. How was this possible? The answer is that it was expressly permitted by regulation. To be precise, the Basel Committee on Banking Supervision's 1988 Accord allowed very large quantities of assets to be held by banks relative to their capital, provided these assets were classified as low risk – for example, government bonds.

Secondly, from 1996 the Basel rules were modified to allow firms effectively to set their own capital requirements on the basis of their internal risk estimates. In practice, risk weightings came to be based on the ratings given to securities – and, later, to structured financial products – by the private rating agencies.

Thirdly, central banks – led by the Federal Reserve – evolved a peculiarly lopsided doctrine of monetary policy, which taught that they should intervene by cutting interest rates if asset prices abruptly fell, but should not intervene if they rose rapidly, so long as the rise did not affect public expectations of something called 'core' inflation (which excludes changes in the prices of food and energy and wholly failed to capture the bubble in house prices). The colloquial term for this approach is the 'Greenspan (later Bernanke) put', which implied that the Fed would intervene to prop up the US equity market, but would not intervene to deflate an asset bubble. The Fed was supposed to care only about consumer-price inflation, and for some obscure reason not about house-price inflation.

Fourthly, the US Congress passed legislation designed to increase the percentage of lower-income families – especially minority families – that owned their own homes. The mortgage market was highly distorted by the 'government-sponsored entities' Fannie Mae and Freddie Mac. Both parties viewed this as desirable for social and political reasons. Neither considered that, from a financial viewpoint, they were encouraging low-income households to place large, leveraged, unhedged and unidirectional bets on the US housing market.

A final layer of market distortion was provided by the Chinese government, which spent literally trillions of dollars' worth of its own currency to prevent it from appreciating relative to the dollar. The primary objective of this policy was to keep Chinese manufacturing exports ultra-competitive in Western markets. Nor were the Chinese the only ones who chose to plough their current account surpluses into dollars. The secondary and unintended consequence was to provide the United States with a vast credit line. Because much of what the surplus countries bought was US government or government agency debt, the yields on these securities were artificially held low. Because mortgage rates are closely linked to Treasury yields, 'Chimerica' – as I christened this strange economic partnership between China and America – thus helped further to inflate an already bubbling property market.

The only chapter in this history that really fits the 'blame deregulation' thesis is the non-regulation of the market in derivatives such as credit default swaps. The insurance giant AIG came to grief because its London office sold vast quantities of mispriced insurance against outcomes that properly belonged in the realm of uninsurable uncertainty. However, I do not believe this can be seen as a primary cause of the crisis. Banks were the key to the crisis, and banks were regulated.*

This last point is important because figures as respected as Paul Volcker and Adair Turner have cast doubt on the economic and social utility of most, if not all, recent theoretical and technical advances in finance, including the advent of the derivatives market.[12] I am rather less hostile than they are to financial innovation. I agree that modern techniques of risk management were in many ways defective – especially when misused by people who forgot (or never knew) the simplifying assumptions underlying measures like Value at Risk. But modern finance cannot somehow be wished away, any more than Amazon and Google can be abolished to protect the livelihoods of booksellers and librarians.

The issue is whether or not additional regulation of the sort that is currently being devised and implemented can improve matters by reducing the frequency or magnitude of future financial crises. I think it is highly unlikely. Indeed, I would go further. I think the new regulations may have precisely the opposite effect.

The problem we are dealing with here is not inherent in financial innovation. It is inherent in financial regulation. Private sector models of risk management were undoubt-

* In the United States by (among other measures) the International Lending Supervision Act of 1983, the Financial Institutions Reform, Recovery, and Enforcement Act of 1989 and the Federal Deposit Insurance Corporation Improvement Act of 1991.

edly imperfect, as the financial crisis made clear. But public sector models of risk management were next to non-existent. Because legislators and regulators acted with an almost complete disregard for the law of unintended consequences, they inadvertently helped to inflate a real estate bubble in countries all over the developed world.[13]

The question for me is not 'Should financial markets be regulated?' There is in fact no such thing as an unregulated financial market, as any student of ancient Mesopotamia knows. The Scotland of Adam Smith had a lively debate about the kind of regulation appropriate to a paper-money system. Indeed, the founder of free-market economics himself proposed a number of quite strict bank regulations in the wake of the 1772 Ayr Banking Crisis.[14] Without rules to enforce the payment of debts and punish fraud, there can be no finance. Without restraint on the management of banks, some are very likely to fail in a downturn because of the mismatch between the durations of assets and liabilities that has been inherent in nearly all banking since the advent of the fractional reserve system. So the right question to ask is: 'What kind of financial regulation works best?'

Today, it seems to me, the balance of opinion favours complexity over simplicity; rules over discretion; codes of compliance over individual and corporate responsibility. I believe this approach is based on a flawed understanding of how financial markets work. It puts me in mind of the great Viennese satirist Karl Kraus's famous quip about psychoanalysis: that it was the disease of which it pretended to be the cure. I believe excessively complex regulation is the disease of which it pretends to be the cure.

Who Regulates the Regulators?

'We cannot control ourselves. You have to step in and control [Wall] Street.'[15] Those were the words of John Mack, former chief executive of the investment bank Morgan Stanley, speaking in New York in November 2009. The legislators of the US Congress obliged Mr Mack by producing the Wall Street Reform and Consumer Protection Act of July 2010 (henceforth the Dodd–Frank Act, after the names of its two principal sponsors in the Senate and House, respectively).

The rule of law has many enemies. One of them is bad law. Formally intended to 'promote the financial stability of the United States by improving accountability and transparency in the financial system, to end "too big to fail" [institutions], to protect the American taxpayer by ending bailouts, to protect consumers from abusive financial services practices, and for other purposes', Dodd–Frank is a near-perfect example of excessive complexity in regulation. The Act requires that regulators create 243 rules, conduct 67 studies and issue 22 periodic reports. It eliminates one regulator and creates two new ones. It sets out detailed provisions for the 'orderly liquidation' of a Systemically Important Financial Institution (SIFI). It implements a soft version of the so-called Volcker rule, which bans SIFIs from engaging in 'proprietary trading', or sponsoring or owning interests in private equity funds and hedge funds. But that is not all.

Section 232 stipulates that each regulatory agency must establish 'an Office of Minority and Women Inclusion' to ensure, among other things, 'increased participation of minority-owned and women-owned businesses in the programs and contracts of the agency'. Unless you believe, with the head of the International Monetary Fund, Christine Lagarde, that there would have been no crisis if the best-known bank to fail had been called 'Lehman Sisters' rather than Lehman Brothers, you may well wonder what exactly this particular section of Dodd–Frank will do to 'promote the financial stability of the United States'. The same goes for Section 750, which creates a new Interagency Working Group, to 'conduct a study on the oversight of existing and prospective carbon markets to ensure an efficient, secure, and transparent carbon market', and Section 1502, which stipulates that products can be labelled as 'DRC conflict free' if they do not contain 'conflict minerals that directly or indirectly finance or benefit armed groups in the Democratic Republic of the Congo or an adjoining country'. Conflict diamonds are bad, of course, as are race and sex discrimination, not forgetting climate change. But was this really the appropriate place to deal with such things?

Title II of Dodd–Frank spends nearly eighty pages setting out in minute detail how a SIFI could be wound up with less disruption than the bankruptcy of Lehman Brothers caused. But in the final analysis what this legislation does is to transfer ultimate responsibility to the Treasury Secretary, the Federal Deposit Insurance Corporation, the District of Columbia district court and the DC court of appeals. If the Treasury Secretary and the Federal Deposit Insurance Corporation agree that a financial firm's failure could cause general instability, they can seize control of it. If the firm objects, the courts in Washington have one day to decide if the decision was correct. It is a criminal offence to disclose that such a case is being heard. How this extraordinary procedure is an improvement on a regular bankruptcy is beyond me.[16] Perhaps, on reflection, SIFI should be pronounced 'sci-fi'.

As I have suggested, it was the most-regulated institutions in the financial system that were in fact the most disaster-prone: big banks on both sides of the Atlantic, not hedge funds. It is more than a little convenient for America's political class to have the crisis blamed on deregulation and the resulting excesses of bankers. Not only does that neatly pass the buck. It also creates a justification for more regulation. But the old Latin question is apposite here: *quis custodiet ipsos custodes?* Who regulates the regulators?

Now consider another set of regulations. Under the Basel III Framework for bank capital standards, which is due to come into force between 2013 and the end of 2018, the world's twenty-nine largest global banks will need to raise an additional $566 billion in new capital or shed around $5.5 trillion in assets. According to the rating agency Fitch, this implies a 23 per cent increase relative to the capital the banks had at the end of 2011.[17] It is quite true that big banks became under-capitalized – or excessively leveraged, if you prefer that term – after 1980. But it is far from clear how forcing banks to hold more capital or make fewer loans can be compatible with the goal of sustained economic recovery, without which financial stability is very unlikely to return to the US, much less in Europe.

Lurking inside every such regulation is the universal law of unintended consequences. What if the net effect of all this regulation is to make the SIFIs more rather than less systemically risky? One of many new features of Basel III is a requirement for banks to build up capital in good times, so as to have a buffer in bad times. This innovation was widely hailed some years ago when it was introduced by Spanish bank regulators. Enough said.

Unintelligent Design

In the preceding chapter, I tried to show the value of Mandeville's *Fable of the Bees* as an allegory of the way good political institutions work. Now let me introduce a different biological metaphor. In his autobiography, Charles Darwin himself explicitly acknowledged his debt to the economists of his day, notably Thomas Malthus, whose *Essay on the Principle of Population* he read 'for amusement' in 1838. 'Being well prepared', Darwin recalled, 'to appreciate the struggle for existence which everywhere goes on[,] from long-continued observation of the habits of animals and plants, it at once struck me that under these circumstances favourable variations would tend to be preserved, and unfavourable ones to be destroyed. Here, then, I had at last got a theory by which to work.'[18] The editor of the *Economist* Walter Bagehot was only one of many Victorian contemporaries who drew the parallel back from Darwin's theory of evolution to the economy. As he once observed: 'The rough and vulgar structure of English commerce is the secret of its life; for it contains the "propensity to variation", which, in the social as in the animal kingdom, is the principle of progress.'[19] We shall hear more from Bagehot below.

There are indeed more than merely superficial resemblances between a financial market and the natural world as Darwin came to understood it. Like the wild animals of the Serengeti, individuals and firms are in a constant struggle for existence, a contest over finite resources. Natural selection operates, in that any innovation (or mutation, in nature's terms) will flourish or will die depending on how well it suits its environment. What are the common features shared by the financial world and a true evolutionary system? As I have argued elsewhere,[20] there are at least six:

- 'genes', in the sense that certain features of corporate culture perform the same role as genes in biology, allowing information to be stored in the 'organizational memory' and passed on from individual to individual or from firm to firm when a new firm is created;
- the potential for spontaneous 'mutation', usually referred to in the economic world as innovation and primarily, though by no means always, technological;
- competition between individuals within a species for resources, with the outcomes in terms of longevity and proliferation determining which business practices persist;
- a mechanism for natural selection through the market allocation of capital and human resources and the possibility of death in cases of underperformance – that is, 'differential survival';
- scope for speciation, sustaining biodiversity through the creation of wholly new 'species' of financial institutions;
- scope for extinction, with certain species dying out altogether.

Sometimes, as in the natural world, the financial evolutionary process has been subject to big disruptions in the form of geopolitical shocks and financial crises. The difference is, of course, that whereas giant asteroids come from outer space, financial crises originate within the system. The Great Depression of the 1930s and the Great Inflation of the 1970s stand out as times of major discontinuity, with 'mass extinctions' such as the bank panics of the 1930s and the Savings and Loans failures of the 1980s. A comparably large disruption has clearly happened in our time. But where are the mass extinctions? The dinosaurs still roam the financial world.

The answer is that, whereas evolution in biology takes place in a pitiless natural environment, evolution in finance occurs within a regulatory framework where – to adapt a phrase from anti-Darwinian creationists –'intelligent design' plays a part. But just how intelligent is this design? The answer is: not intelligent enough to second-guess the evolutionary process. In fact, stupid enough to make a fragile system even more fragile.

Think of it this way. The regulatory frameworks of the post-1980 period encouraged many banks to increase their balance sheets relative to their capital. This happened in all kinds of different countries, in Germany and Spain as much as in the United States. (We really cannot blame Ronald Reagan for what happened in Berlin and Madrid.) When property-backed assets fell in price, banks were threatened with insolvency. When short-term funding dried up, they were threatened with illiquidity. The authorities found that they had to choose between a Great Depression scenario of massive bank failures or bailing the banks out. They bailed them out. Chastened by ungrateful voters (who still do not appreciate how much worse things could have got if the 'too big' had actually failed), the legislators now draw up statutes designed to avoid future bail-outs.

Dodd–Frank states clearly that taxpayers will not pay a penny the next time a SIFI goes bust. It is rather less clear about who will pay. Section 214 is (mercifully) unambiguous: 'All funds expended in the liquidation of a financial company under this title shall be recovered from the disposition of assets of such financial company, or shall be the responsibility of the financial sector, through assessments.' So what about secured creditors, the bank bondholders whom so much was done to protect from loss in 2008–9? Prudently, Dodd–Frank commissions a study on that one. After all, if the net effect of the legislation really is to rule out any public funding for a seriously bankrupt SIFI, it is hard to see how those bondholders can avoid a sizeable loss. But if that is the case, then the cost of capital for big banks must rise, even as their return on equity is going down. You wanted to reduce instability, but all you did was increase fragility.

Another and related way of thinking about the financial system is as a highly complex system, made up of a very large number of interacting components that are asymmetrically organized in a network.[21] This network operates somewhere between order and disorder – on 'the edge of chaos'. Such complex systems can appear to operate quite smoothly for some time, apparently in equilibrium, in reality constantly adapting as positive feedback loops operate. But there comes a moment when they 'go critical'. A slight perturbation can set off a 'phase transition' from a benign equilibrium to a crisis. This is especially common where the network nodes are 'tightly coupled'. When the interrelatedness of a network increases, conflicting constraints can quickly produce a 'complexity catastrophe'.

All complex systems in the natural world – from termite hills to large forests to the human nervous system – share certain characteristics. A small input to such a system can produce huge, unanticipated changes. Causal relationships are often non-linear. Indeed, some theorists would go so far as to say that certain complex systems are wholly non-deterministic, meaning that it is next to impossible to make predictions about their future behaviour based on past data. Will the next forest fire be tiny or huge, a bonfire or a conflagration? We can't be sure. The same 'power law' relationship seems to be apply to earthquakes and epidemics.[22]

It turns out that financial crises are much the same. And this shouldn't surprise us. As heterodox economists like W. Brian Arthur have been arguing for years, a complex economy is characterized by the interaction of dispersed agents, a lack of any central control, multiple levels of organization, continual adaptation, incessant creation of new market niches and no general equilibrium. Viewed in this light, as Andrew Haldane of the Bank of England has argued, Wall Street and the City of London are parts of

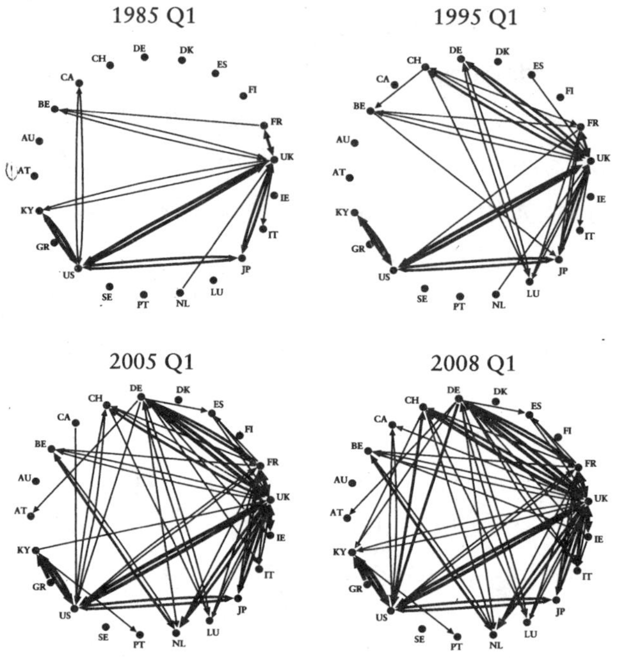

Figure 2.1 Network connectivity balloons for the international financial system
Source: Andrew Haldane, Bank of England (see note 23 for full reference).

one of the most complex systems that human beings have ever made (see Figure 2.1).[23] And the combination of concentration, interbank lending, financial innovation and technological acceleration makes it a system especially prone to crash. Once again, however, the difference between the natural world and the financial world is the role of regulation. Regulation is supposed to reduce the number and size of financial forest fires. And yet, as we have seen, it can quite easily have the opposite effect. This is because the political process is itself somewhat complex. Regulatory bodies can be captured by those whom they are supposed to be regulating, not least by the prospect of well-paid jobs should the gamekeeper turn poacher. They can also be captured in other ways – for example, by their reliance on the entities they regulate for the very data they need to do their work.

In his book *Antifragile*, the statistician and options trader turned philosopher Nassim Taleb asks a wonderful question: what is the opposite of fragile? The answer is not 'robust' or 'strong', because those words simply mean less fragile. The true opposite of fragile is 'anti-fragile'. A system that becomes stronger when subjected to perturbation is anti-fragile.[24] The point is that regulation should be designed to heighten anti-fragility. But the regulation we are contemplating today does the opposite: because of its very complexity – and often self-contradictory objectives – it is pro-fragile.

Lessons from Lombard Street

Over-complicated regulation can indeed be the disease of which it purports to be the cure. Just as the planners of the old Soviet system could never hope to direct a modern economy in all its complexity, for reasons long ago explained by Friedrich Hayek and Janos Kornai,[25] so the regulators of the post-crisis world are doomed to fail in their efforts to make the global financial system crisis-free. They can never know enough to manage such a complex system. They will only ever learn from the last crisis how to make the next one.

Is there an alternative? I believe there is. But I believe we need to go back to the time of Darwin to find it. In *Lombard Street*, published in 1873, Walter Bagehot described with great skill the way in which the City of London had evolved in his time. Bagehot understood that, for all its Darwinian vigour, the British financial system was complex and fragile. 'In exact proportion to the power of this system', he observed, 'is its delicacy – I should hardly say too much if I said its danger . . . even at the last instant of prosperity, the whole structure is delicate. The peculiar essence of our financial system is an unprecedented trust between man and man; and when that trust is much weakened by hidden causes, a small accident may greatly hurt it, and a great accident for a moment may almost destroy it.'[26]

No one has ever given a better description of how a bank run happens than Bagehot; those unfamiliar with *Lombard Street* had to find out for themselves in 2007, at the time of the runs on Northern Rock and Countrywide, and again in 2012, when it was the turn of the Spanish Bankia to lose the confidence of its depositors. One of the great beauties of *Lombard Street* is the way it surveys all the key institutions of the London money market – the ascendant joint-stock banks, the waning private banks, the bill brokers, the new savings banks – and exposes the weakness in the position of each. In theory, Bagehot would have preferred a system in which each institution had to look to itself by maintaining a reserve against contingencies. But in practice the London market had evolved in such a way that there was only one ultimate reserve for the entire City and that was the Bank of England's: 'the sole considerable unoccupied mass of cash in the country'.[27] As in our time, in other words, the central bank (and, behind it, the government that called it into being) constituted the last line of resistance in time of panic.

By reviewing half a century of financial crises, Bagehot brilliantly showed how the Bank of England's role as custodian of the nation's cash reserve was quite different from its role as defined by statute or, indeed, as understood by the men running it. In the 1825 panic the Bank had done the right thing, but much too late in the day, and without knowing quite why it was the right thing. In each of the three panics that followed the passage of the Bank Charter Act of 1844 – a piece of legislation which was largely concerned with the Bank's note-issuing function – the Act had been suspended. There was, as in our time, uncertainty about which securities it would accept as collateral in a crisis. The Bank's governance structure was opaque. Its governor and directors were themselves not bankers. (In those days they chose merchants; nowadays we prefer academics – which not everyone would regard as an improvement.) They barely coped when a SIFI called Overend Gurney blew up in 1866.

Bagehot's remedies were clear-cut, though I believe they are very often misinterpreted. The famous recommendation was that in a crisis the central bank should lend freely at a penalty rate: 'Very large loans at very high rates are the best remedy . . .'[28] Nowadays we follow only the first half of his advice, in the belief that our system is so leveraged that high rates would kill it. Bagehot's rationale was to 'prevent the greatest number of applications by persons who do not require it'.[29] Watching all banks, strong and weak alike, gorge themselves on today's seemingly limitless supply of loans at near-zero rates, I see what he meant.

We also neglect the rest of what Bagehot said, and in particular the emphasis he laid on discretion as opposed to set rules. In the first place, he stressed the importance of having Bank directors with considerable market experience. 'Steady merchants', he wrote, 'always know the questionable standing of dangerous persons; they are quick to note the smallest signs of corrupt transactions.' Executive power should be conferred on a new, full-time deputy governor acting as a kind of permanent under-secretary. And the advisory Court should be selected so as 'to introduce . . . a wise *apprehensiveness*'.[30]

Secondly, Bagehot repeatedly stressed, as he put it, 'the cardinal importance of [the Bank of England's] always retaining a great banking reserve'. But he was emphatic that the size of the reserve should not be specified by some automatic rule, the way the banknote circulation was under the 1844 Bank Charter Act: 'No certain or fixed proportion of its liabilities can in the present times be laid down as that which the Bank ought to keep in reserve.' The ideal central bank would target nothing more precise than an 'apprehension minimum', which 'no abstract argument, and no mathematical computation will teach to us':

> And we cannot expect that they should [he went on]. Credit is an opinion generated by circumstances and varying with those circumstances. The state of credit . . . can only be known by trial and inquiry. And in the same way, nothing can tell us what amount of 'reserve' will create a diffused confidence; on such a subject there is no way of arriving at a just conclusion except by incessantly watching the public mind, and seeing at each juncture how it is affected.[31]

Nor should there be predictability in the Bank's discount rate, the rate at which it lent against good-quality commercial paper. The rule 'that the Bank of England should look to the market rate and make its own rate conform to that . . . was . . . always erroneous', according to Bagehot. The 'first duty' of the Bank was to use the discount rate to 'protect the ultimate cash of the country'.[32] This too of course implied a discretionary power, since the desirable size of the reserve was not specified by any rule.

There are some today, like Larry Kotlikoff and John

Kay, who see the only salvation in a root-and-branch structural reform of our financial system: 'narrow banking' of some sort, if not the replacement of banks altogether.[33] I can see the intellectual appeal of such arguments. In theory, perhaps it would be much better if big banks were chopped up, leverage ratios were drastically reduced and the interconnections between deposit-takers and risk-takers were reduced.[34] But, like Bagehot, I take the world as I find it, and I do not expect to see in my lifetime a wholesale abandonment of the current model of 'too big to fail' institutions backstopped by the central bank and, if necessary, by the public purse. Our task, like Bagehot's, is 'to make the best of our banking system, and to work it in the best way that it is capable of. We can only use palliatives, and the point is to get the best palliative we can.'[35]

How to Encourage Bankers

'The problem is delicate,' as Bagehot candidly concluded his great work, and 'the solution is varying and difficult.'[36] It remains so today. But I believe a return to Bagehot's first principles would not be a bad starting point. First, strengthen the central bank as the ultimate authority in both the monetary and supervisory systems. Second, ensure that those in charge at the central bank are 'apprehensive' as well as experienced, so that they will act when they see excessive credit growth and asset-price inflation. Third, give them considerable latitude in their use of the principal central banking tools of reserve requirements, interest rate changes and open-market securities purchases and sales. Fourth, teach them some financial history, as Bagehot taught his readers.

Finally – a point Bagehot did not need to make because in his time it was a matter of course – we must ensure that those who fall foul of the regulatory authority pay dearly for their transgressions. Those who believe this crisis was caused by deregulation have misunderstood the problem in more than one way. Not only was misconceived regulation a large part of the cause. There was also the feeling of impunity that came not from deregulation but from non-punishment.

There will always be greedy people in and around banks. After all, they are where the money is – or is supposed to be. But greedy people will only commit fraud or negligence if they feel that their misdemeanour is unlikely to be noticed or severely punished. The failure to apply regulation – to apply the law – is one of the most troubling aspects of the years since 2007. In the United States, the list of those who have been sent to jail for their part in the housing bubble, and all that followed from it, is risibly short. In the United Kingdom, the harshest punishment meted out to a banker was the 'cancellation and annulment' of the former Royal Bank of Scotland CEO Fred Goodwin's knighthood.

Bagehot never got the powerful deputy governor that he proposed; instead the governor became the kind of permanent and powerful official Bagehot had envisaged. However, since being deprived of his regulatory role, which was handed to the Financial Services Authority by Gordon Brown, the governor has been in the unenviable position of running a monetary policy research department (combined recently with an emergency money-printing works). The Federal Reserve System, too, has no real teeth. The agencies supposed to prosecute fraud have performed miserably. The result is that very few malefactors have been brought to justice in a meaningful way.

I will cite just one of many possible examples. In October 2010 Angelo Mozilo reached a settlement with the Securities and Exchange Commission in which he agreed to pay $67.5 million in penalties and 'disgorgements' to settle civil fraud and insider-trading charges relating to his time as CEO of Countrywide, the failed mortgage lender. At least part of this fine was paid not by Mozilo himself but by Bank of America, which acquired Countrywide in the depths of the financial crisis, and by insurers. Between 2000 and 2008 Mozilo received nearly $522 million in total compensation, including sales of Countrywide stock: nearly ten times more than the fine.[37] If there was nothing criminal in his conduct, it is surely only because the criminal law is defective in this area.

Voltaire famously said that the British periodically executed an admiral *pour encourager les autres*. All the detailed regulation in the world will do less to avert a future financial crisis than the clear and present danger in the minds of today's bankers that, if they transgress in the eyes of the authority on whom their business ultimately depends, then they could go to prison. Instead of exhausting ourselves drawing up hopelessly complex codes of 'macro-prudential' or 'counter-cyclical' regulation, let us go back to Bagehot's world, where individual prudence – rather than mere compliance – was the advisable course, precisely because the authorities were powerful and the crucial rules unwritten.

I began this chapter by contradicting the proponents of stricter regulation, only to end it by advocating the exemplary incarceration of bad bankers. I hope it is now clear why these positions are not contradictory but complementary. A complex financial world will be made less fragile only by simplicity of regulation and strength of enforcement.

To repeat: among the most deadly enemies of the rule of law is bad law. The next chapter will consider at a more general level the ways in which the rule of law itself, broadly defined, has degenerated in Western societies – and especially in the United States – in our time. In the realm of regulation, as I have said, we ought to be going back to Bagehot. But has the rule of law in the English-speaking world inadvertently gone back to Dickens? Has the rule of law degenerated into the rule of lawyers?

3. The Landscape of Law

The Lure of Law

> The fundamental question the Chinese government must face is lawlessness. China does not lack laws, but the rule of law . . . This issue of lawlessness may be the greatest challenge facing the new leaders who will be installed this autumn [of 2012] . . . Indeed, China's political stability may depend on its ability to develop the rule of law in a system where it barely exists.[1]

These are the words of Chen Guangcheng, the blind lawyer who was allowed to leave China to study in the United States after successfully escaping from his Communist Party persecutors in April 2012. Less well known in the West, but more influential in China, is the legal scholar He Weifang. In an essay entitled 'China's First Steps towards

Constitutionalism', published in 2003, He rather more tactfully observed: 'The Western legal landscape does make an interesting and illuminating contrast to China's legal situation, revealing many discrepancies and inconsistencies between the two . . . although China's modern system was borrowed from the West . . . things often proceed in different ways between China and the West.'[2]

The theme of this chapter is the landscape of law. I want to ask what, if anything, developing countries like China can learn from the West about the rule of law. And I want to cast some doubt on the widespread assumption that our Western legal systems are in such good health that all the Chinese need to do is replicate our best practice – whatever that may be.

The English Way of Law

What exactly do we mean by the rule of law? In his book of that name,[3] the late Lord Chief Justice, Tom Bingham, specified seven criteria by which we should assess a legal system:

1. the law must be accessible and so far as possible intelligible, clear and predictable;

2. questions of legal right and liability should ordinarily be resolved by application of the law and not by the exercise of discretion;
3. the laws of the land should apply equally to all, save to the extent that objective differences [such as mental incapacity] justify differentiation;
4. ministers and public officers at all levels must exercise the powers conferred on them in good faith, fairly, for the purpose for which the powers were conferred, without exceeding the limits of such powers;
5. the law must afford adequate protection of fundamental human rights;
6. means must be provided for resolving, without prohibitive cost or inordinate delay, *bona fide* civil disputes which the parties themselves are unable to resolve; and
7. adjudicative procedures provided by the state should be fair.

Under heading 5, Bingham lists no fewer than fourteen different rights that the rule of law should be expected to protect: the right to life, protection from torture, protection from slavery and forced labour, the right to liberty and security, the right to a fair trial, protection from punishment without law, the right to respect for private/family life, freedom of thought/conscience/religion, freedom of expression, freedom of assembly/association, the right to marry, freedom from discrimination, protection of property and the right to education. (He might have gone further, since some countries today explicitly acknowledge rights to housing, healthcare, education and a clean environment. Why not a right to drinkable wine, too?)

In England, the rule of law in Bingham's sense of the term is the product of historical evolution. In 1215 Magna Carta established the principle that all Englishmen were equal before the law and that the Crown could not raise taxation without the consent of the Great Council, later Parliament. It was in the medieval period, too, that the writ of habeas corpus (against unlawful detention) came into use, that around 500 towns acquired charters of effective self-government and – after 1295 – that these boroughs were also represented in Parliament. From the time of Henry III until the time of James II there was a protracted tug of war between the monarch and Parliament, in which the Crown's tendency to sell off the royal demesne to finance wars steadily weakened its position. The culmination came, as we saw in Chapter 1, with the Glorious Revolution, which asserted the sovereignty of the king-in-Parliament. Also in the seventeenth century, torture was done away with; though it was not until a century later, with Somerset's Case in 1772, that slavery in England was definitively declared illegal. Throughout this period, the common law courts effectively resisted encroachments on their jurisdiction by institutions under royal control. Still, it was not until the 1701 Act of Settlement that the independence of the judiciary was assured with the advent of life appointments.

My undergraduate reading at Oxford persuaded me that the real point of English history was to establish, for the first time, three great principles. First, an Englishman's home is his castle. In the case of *Entick* v. *Carrington*, Lord Camden ruled against the government for raiding the home of the radical journalist John Entick. 'The great end for which men entered into society was to secure their property,' declared Camden, quoting John Locke. 'By the laws of England, every invasion of private property, be it ever so minute, is a trespass.' Secondly, do what you like as long as you do no harm. 'The privileges of thinking, saying, and doing what we please, and of growing as rich as we can, without any other restrictions, than that by all this we hurt not the public, not one another, are the glorious privileges of liberty': that was the formulation of 'Cato' (the nom de plume of John Trenchard and Thomas Gordon), writing in the early 1720s. Third, mind your own bloody business. 'The taste for making others submit to a way of life which one thinks more useful for them than they do themselves', John Stuart Mill explained to the French liberal Alexis de Tocqueville, 'is not a common taste in England.'[4] And these pillars of the English rule of law, as A. V. Dicey had pointed out in 1885, were the products of a slow, incremental process of judicial decision-making in the common law courts, based in large measure on precedents. There were no 'grand declarations of principle', just the interplay of judicial memory and statutory innovations by Parliament.

I now realize that this was a rather naive reading of English legal history. As the greatest living theorist of law in the English-speaking world, Ronald Dworkin, explained in *Law's Empire*, there really are principles underpinning the common law, even when those principles are not codified as they are in the US Constitution. 'We insist', writes Dworkin, 'that the state act on a single, coherent set of principles even when its citizens are divided about what the right principles of justice and fairness really are . . . Judges . . . decide hard cases by trying to find, in some coherent set of principles about people's rights and duties, the best constructive interpretation of the political structure and legal doctrine of their community.'[5] Behind the operation of the law lie two things: the integrity of judges and 'legislation . . . flowing from the community's present commitment to a background scheme of political morality'.[6] Questions concerning legality (or 'principle') are for judges to decide; questions of policy are matters for executive and legislature. In this legal world, the judge engages in an authentically Herculean struggle to arrive at a best fit between the rule that he eventually defines and applies in order to resolve the case before him and the general corpus of rules, legal policies and reasonable expectations. So even England's constitution-free common law is based (again in Dworkin's words) 'not only [on] the specific rules enacted in accordance with the community's accepted practices but also [on] the principles that provide the best moral justification for those enacted rules . . . [including] the rules that follow from those justifying principles, even though those further rules were never enacted'.[7]

Like democracy, the rule of law in this sense may be good in its own right. But it may also be good because of its material consequences. Few truths are today more universally acknowledged than that the rule of law – particularly insofar as it restrains the 'grabbing hand' of the rapacious state – is conducive to economic growth. According to Douglass North, 'the inability of societies to develop effective, low-cost enforcement of contracts is the most important source of both historical stagnation and contemporary underdevelopment . . .'[8] Enforcement of contracts by a third party is necessary to overcome the reluctance of private sector agents to participate in non-simultaneous economic transactions, especially over distances in both time and space. Contract enforcement can be provided by private sector agencies such as exchanges, credit companies and arbitrators. But usually, in North's words, 'third-party enforcement [means] . . . the development of the state as a coercive force able to monitor property rights and enforce contracts effectively.'[9]

The problem is getting the state not to abuse its power – hence the need to constrain it. As Stanford's Avner Greif has argued, if public contract-enforcing institutions reveal information about the location and amount of private wealth, the state (or its functionaries) may be tempted to steal some or all of it.[10] Where states are not constrained by law, therefore, private contract-enforcing institutions are safer, like the network operated by eleventh-century Maghribi traders in the Mediterranean, which was based on their common Jewish religion and kinship ties, or the eighteenth-century Scottish diaspora, which had an almost global reach, or the South Asian traders of East Africa. We see such networks operating in many parts of the world today: think of the Chinese business communities operating outside China. Their defect, as with medieval guilds, is their tendency to raise entry barriers and establish monopolies, discouraging competition and reducing economic efficiency. That is why private contract enforcement tends to yield to public as economies become more sophisticated. But that process is dependent on constraining the state to use its power of coercion in such a way as to respect private property rights. In economics, that is the essential function of the rule of law. It is the property rights more than the human rights that are fundamental.

Law and Economics – and History

Few contributions to the literature on law and economics have had a greater impact than the argument of Andrei Shleifer and his co-authors that the common law system that evolved in the English-speaking world was superior in performing the twin roles of contract enforcement and coercion constraint to all other systems. Neither the French civil law system, originating in the Roman legal tradition, nor the German and Scandinavian legal systems, were as good, to say nothing of non-Western systems of law. What was it that made and makes common law economically better? In their seminal 1997 article, La Porta, Lopez-de-Silanes, Shleifer and Vishny argued that common law systems offer greater protection for investors and creditors. The result is that people with money are more willing to invest in, or lend to, other people's businesses. And higher levels of financial intermediation tend to correlate to higher rates of growth.[11]

In a succession of empirical studies, these and other scholars sought to demonstrate that common law countries:

1. have stronger investor protections and provide companies with better access to equity finance than civil law countries, as manifested in larger stock markets, more numerous firms and more initial public offerings;[12]
2. have better protection of outside investors relative to 'insiders', whereas French civil law countries have poorer protection;[13]
3. make it easier for new firms to enter the market, as manifested in the number of procedures,

number of days and costs of setting up a new business;[14]*

4. have more efficient (because less formalistic) courts, as measured by the time it takes to evict a non-paying tenant and to collect a debt after a cheque has bounced;[15]
5. regulate their labour markets less and therefore have higher labour-force participation and lower unemployment rates than civil law countries;[16]
6. have more extensive mandatory disclosure requirements, which again encourages investors;[17] and
7. have more efficient procedures in cases of insolvency, such as a hypothetical hotel bankruptcy.[18]

Summarizing their theory of the determining role of legal origins, the authors write:

> Legal investor protection is a strong predictor of financial development . . . [as well as] government ownership of banks, the burden of entry regulations, regulation of labour markets, incidence of military conscription, and government ownership of the media . . . In all these spheres, civil law is associated with a heavier hand of

* Those countries that make it harder for new entities to enter the market do not reap benefits in terms of product quality. They do exhibit sharply higher levels of corruption and larger black or grey economies.

> government ownership and regulation than common law . . . [which are in turn] associated with adverse impacts on markets such as greater corruption, larger unofficial economy, and higher unemployment . . . Common law is associated with lower formalism of judicial procedures . . . and greater judicial independence . . . Common law stands for the strategy of social control that seeks to support private market outcomes, whereas civil law seeks to replace such outcomes with state-desired allocations . . . Civil law is 'policy implementing', while common law is 'dispute resolving'.[19]

This brings us back to where we began, with the notion that there is greater 'flexibility of judicial decision-making under common law', because 'common law courts [can] use broad standards rather than specific rules'.[20]

Like so many arguments in social science, this theory of legal origins implies a certain version of history. Why did French law end up being worse than English? Because the medieval French Crown was more assertive of its prerogatives than the English. Because France was less peaceable internally and more vulnerable externally than England. Because the French Revolution, which distrusted judges, sought to convert them into automata, implementing the law as defined and codified by the legislature. The result was an even less independent judiciary and courts precluded from reviewing administrative acts. The Gallic conception of freedom was more absolute in theory and less effectual in practice. In any case, as Alexis de Tocqueville shrewdly observed when comparing the United States and France in the 1830s and 1840s, the French preferred equality to liberty. This preference resulted in a strong central state and weak civil society. When the French exported their model to their colonies in Asia and Africa, the results were even worse.

The theory of legal origins also has important historical implications for non-Western legal systems. We have already encountered Timur Karun's argument about the retarding effects of Islamic law on Ottoman economic development. A similar case can be made for China. As He Weifang has argued, in the imperial era Chinese government made 'no arrangement whatsoever for the separation of powers', so 'the country magistrate exercised comprehensive responsibilities [including all] three basic functions, namely the enacting of rules . . . the execution of rules . . . and the resolving of disputes.' Confucianism and Taoism deprecated lawyers and deplored the adversarial mode. Yan Fu, the Chinese translator of Montesquieu, fully understood the difference between the Chinese and the Western spirit of the laws. 'During my visit to Europe [in the late 1870s],' he wrote, 'I once attended court hearings and when I came back, I felt at a loss. On one occasion, I said to Mr. Guo Songtao [the Qing ambassador to Great Britain] that, of the many reasons that make England and other European nations rich and strong, the most important one is the guarantee there of having justice done. And my view was shared by Mr. Guo.'[21]

Yet attempts to import elements of the British legal system to China were a failure. Although the imperial Chinese state sought to provide all kinds of public goods, such as defence, famine relief, commercial infrastructure like canals and the distribution of agricultural knowledge, its highly centralized bureaucracy was quite skeletal in relation to the population. Property rights were relatively secure insofar as there was little variation over time in (by Western standards) low rates of taxation, but there was no commercial code of law and magistrates were steeped in literary and philosophical learning, not in law. They sought 'compromises rather than legal rulings', leaving contract enforcement to private networks. When the late Qing state belatedly entered the commercial sphere, it did so in a counter-productive way, over-taxing merchants and delegating power to monopolistic guilds without effectively constraining itself or its agents. The results were rampant corruption and economic contraction.[22]

Law and the Victorians

The legal-origins hypothesis is not without its critics. After all, it is hard not to overlook the fact that for much of the modern era France has had a successful economy, including a large financial sector, despite not being blessed with the common law.[23] Similar things have been said about Germany and Brazil.[24] Another line of argument is that common law systems compare less favourably with civil law systems when measures of social welfare – such as infant mortality or inequality – are the dependent variables.[25] Yet for me the theory's weakest point becomes apparent if we look at the state of the English common law as it was in the period when, by implication, it must have done the greatest good: the period of the Industrial Revolution, when the English and their Celtic neighbours radically altered the course of world economic history. Here is a contemporary description of an English court at that time:

> some score of members of the . . . bar . . . are . . .. mistily engaged in one of the ten thousand stages of an endless cause, tripping one another up on slippery precedents, groping knee-deep in technicalities, running their goat-hair and horsehair warded heads against walls of words and making a pretence of equity with serious faces, as players might . . . the various solicitors in the cause, some two or three of whom have inherited it from their fathers, who made a fortune by it . . . are . . . ranged in a line, in a long matted well . . . between the registrar's red table and the silk gowns, with bills, cross-bills, answers, rejoinders, injunctions, affidavits, issues, references to masters, masters' reports, mountains of costly nonsense, piled before them . . . This is the Court of Chancery . . . which so

> exhausts finances, patience, courage, hope, so overthrows the brain and breaks the heart, that there is not an honourable man among its practitioners who would not give – who does not often give – the warning, 'Suffer any wrong that can be done you rather than come here!'[26]

It might be objected that Charles Dickens was not being entirely fair to the legal profession of his day in *Bleak House*. Yet Dickens had started his career writing court reports. He had seen his own father imprisoned for debt. His biographers confirm that he knew whereof he spoke.[27] And historians of the nineteenth-century English legal system largely confirm his account.

First, we must note the tiny size of the system. As late as 1854, the entire judiciary of England and Wales sitting in courts of general jurisdiction numbered just fifteen. These judges, distributed equally between three benches, sat individually to hear cases, either in London or at assize (sessions held in major provincial towns), for just two four-week terms a year. These same men convened as panels of three or four to hear appeals and then sat in larger panels (usually numbering seven) to hear appeals from the panels of three or four. Only appeals from the panels of seven would be heard by another institution, which was the House of Lords. True, the activity of the lower county courts increased as economic life gathered pace. But that was not true of the higher courts.[28]

Second, until 1855 there were severe statutory restrictions

on the ability of entrepreneurs to create limited-liability companies, a legacy of the time when the promoters of monopoly firms like the South Sea Company had successfully pulled up the ladder behind them to boost the value of their own shares. As late as the 1880s, there were still only sixty domestic companies listed on the London Stock Exchange. So much for the benefits of common law for financial development. Third, in the single most important sector of the Victorian Industrial Revolution, the railways, modern research has revealed that 'English common law and common law lawyers had a profound and largely negative impact.' Solicitors were notorious as speculative railway-share promoters, judges were publicly accused of favouritism and the Parliamentary Bar ran a nice little racket, effectively selling statutory approval for new railway lines.[29]

What are we to make of this? Does history essentially refute the legal-origins thesis that the common law trumps all other systems? Not quite. For despite the evident shortcomings of the English legal system in the industrial age, there remains compelling evidence that it could and did adapt to the changes of the time, perhaps even in ways that facilitated the process as well as accommodating it. This point is best illustrated with reference to the 1854 Exchequer case (well known to law students on both sides of the Atlantic) of *Hadley* v. *Baxendale*. The dispute was between two Gloucester flour-millers, Joseph and Jonah Hadley, and Joseph Baxendale, the managing director of the London-based carriers Pickford & Co. The Hadleys had sued Pickfords for the full amount of their losses – including forgone profits – resulting from late delivery of a replacement hand-crafted mill shaft. It is no coincidence that Pickfords are still around today and the Hadleys' firm, City Flour Mills, is not. For although the local jury decided for the Hadleys, the appellate judges in London reversed their decision. According to the American judge and legal scholar Richard Posner, *Hadley* v. *Baxendale* enshrined the principle 'that where a risk of loss is known to only one party to the contract, the other party is not liable for the loss if it occur'.[30]

It was later said of the original Assize judge, Sir Roger Crompton, that he 'never recognized the notion that the common law adapts itself by a perpetual process of growth to the perpetual roll of the tide of circumstances as society advances'.[31] That was certainly not the approach of the appeal judges, Barons Alderson, Parke and Martin, who – in the words of a modern commentator –'refashioned the substantive law of contract damages'. As Alderson reasoned, 'the only circumstances . . . communicated by the plaintiffs to the defendants' at the time the contract was made were that they were millers whose mill shaft was broken. There was no notice of the 'special circumstances' that the mill was stopped and profits would be lost as a result of delay in the delivery of the shaft. Moreover, it was 'obvious [thus Alderson] that in the great multitude of cases of millers sending off broken shafts to third persons by a carrier under ordinary circumstances', the mills would not be idle and profits lost during the period of shipment, since most millers would have spare shafts.[32] Thus the loss of profits could not be taken into consideration in estimating damages.

To put it crudely, this was a ruling that favoured big over small business – but that is not really the important point. The point is that Baron Alderson's reasoning illustrates very well how the common law evolves, a process elegantly described by Lord Goff in the 1999 case of *Kleinwort Benson* v. *Lincoln City Council*:

> When a judge decides a case which comes before him, he does so on the basis of what he understands the law to be. This he discovers from the applicable statutes, if any, and from precedents drawn from reports of previous judicial decisions . . . In the course of deciding the case before him he may, on occasion, develop the common law in the perceived interests of justice, though as a general rule he does this 'only interstitially' . . . This means not only that he must act within the confines of the doctrine of precedent, but that the change so made must be seen as a development, usually a very modest development, of existing principle and so can take its place as a congruent part of the common law as a whole. In this process, what [F. W.] Maitland has called the 'seamless web', and I myself . . . have called the 'mosaic', of the common law, is kept in a constant state of adaptation and

repair, the doctrine of precedent, the 'cement of legal principle', providing the necessary stability.[33]

I believe this gives an invaluable insight into the authentically evolutionary character of the common law system.† It was this, rather than any specific functional difference in the treatment of investors or creditors, that gave the English system and its relatives around the world an advantage in terms of economic development.

The Rule of Law's Enemies

That was then. What about now? How good in practice is the rule of law in the West – and in particular in the English-speaking world – today? There are four distinct threats to it that I would identify.

First, we must pose the familiar question about how far our civil liberties have been eroded by the national security state – a process that in fact dates back almost a hundred years to the outbreak of the First World War and the passage in the UK of the 1914 Defence of the Realm Act.

† In our ongoing work on 'The Spirit of the Common Law', Charles Béar QC and I seek to explore in detail how precisely this evolution has worked, looking at the changing meaning of legal concepts over time rather than approaching the law in the functionalist, present-minded spirit of Shleifer *et al.*

The debates after 11 September 2001, about the protracted detention of terrorist suspects were in no way new. Somehow it is always a choice between habeas corpus and hundreds of corpses.

A second threat is the very obvious one posed by the intrusion of European law – with its civil law character – into the English legal system, in particular the far-reaching effects of the incorporation into English law of the 1953 European Convention on Fundamental Rights and Freedoms. This may be considered Napoleon's revenge: a creeping 'Frenchification' of the common law.

A third threat is the growing complexity (and sloppiness) of statute law, a grave problem on both sides of the Atlantic as the mania for elaborate regulation spreads through the political class. I agree with the American legal critic Philip K. Howard that we need a 'legal spring cleaning' of obsolete legislation and routine inclusion of 'sunset provisions' (expiry dates) in new laws.[34] We must also seek to persuade legislators that their role is not to write an 'instruction manual' for the economy that covers every eventuality, right down to the most incalculably small risk to our health and safety.[35]

A fourth threat – especially apparent in the United States – is the mounting cost of the law. By this I do not mean the $94.5 billion a year that the US federal government spends on law making, law interpretation and law enforcement.[36] Nor do I mean the spiralling cost of lobbying by businesses seeking to protect themselves or hurt their competitors by skewing legislation in their favour. The $3.3 billion cost of paying nearly 13,000 lobbyists is in fact rather small in itself.[37] It is the cost of the consequences of their work that is truly alarming: an estimated $1.75 trillion a year, according to a report commissioned by the US Small Business Administration, in additional business costs arising from compliance with regulations.[38] On top of that are the $865 billion in costs arising from the US system of tort law, which gives litigants far greater opportunities than in England to seek damages for any 'wrongful act, damage, or injury done wilfully, negligently, or in circumstances involving strict liability, but not involving breach of contract, for which a civil suit can be brought'. According to the Pacific Research Institute's study *Jackpot Justice*, the tort system costs a sum 'equivalent to an eight per cent tax on consumption [or] a thirteen per cent tax on wages'.[39] The direct costs arising from a staggering 7,800 new cases a day were equivalent to more than 2.2 per cent of US GDP in 2003, double the equivalent figure for any other developed economy, with the exception of Italy.[40] One may argue about such figures, and of course spokesmen for the legal interest reject them.[41] But my own personal experience tells a similar story: merely setting up a new business in New England involved significantly more lawyers and much more in legal fees than doing so in England.

In a forthcoming book on the lessons for China of US legal experience, David Kennedy and Joseph Stiglitz cite three egregious defects of the rule of law in the United States today:

1. Current 'laws allowing financial firms to engage in predatory lending, combined with new bankruptcy laws, have created a new class of partially indentured servants – people who might have to give as much as 25 per cent of what they earn for the rest of their lives to the banks'.
2. Intellectual property laws are excessively restrictive. For example, 'the "owner" of the patent on the gene that indicates a strong likelihood of breast cancer [could] insist on a large payment for every test performed. The resulting . . . fee puts the test out of the range of most without health insurance.'
3. 'Under current laws concerning toxic wastes . . . litigation costs represent more than a quarter of the amount spent on clean-up.'[42]

For Stiglitz, these illustrate the inadequacy of a narrow approach to law that simply assigns property rights and leaves markets to do the rest. My view is that such examples need to be seen in the wider context of over-complex or rigged legislation and rampant tort abuse.

Experts on economic competitiveness, like Michael Porter of Harvard Business School, define the term to include the ability of the government to pass effective laws; the protection of physical and intellectual property rights and lack of corruption; the efficiency of the legal framework, including modest costs and swift adjudication; the ease of setting up new businesses; and effective and predictable regulations.[43] It is startling to find how poorly the United States now fares when judged by these criteria. In a 2011 survey, Porter and his colleagues asked HBS alumni about 607 instances of decisions on whether or not to offshore operations. The United States retained the business in just ninety-six cases (16 per cent) and lost it in all the rest. Asked why they favoured foreign locations, the respondents listed the areas where they saw the US falling further behind the rest of the world. The top ten reasons included:

1. the effectiveness of the political system;
2. the complexity of the tax code;
3. regulation;
4. the efficiency of the legal framework;
5. flexibility in hiring and firing.[44]

Evidence that the United States is suffering some kind of institutional loss of competitiveness can be found not only in Porter's work but also in the World Economic Forum's annual Global Competitiveness Index and, in particular, the Executive Opinion Survey on which it is partly based. The survey includes fifteen measures of the rule of law, ranging from the protection of private property rights to the policing of corruption and the control of organized crime. It is an astonishing yet scarcely acknowledged fact that on no fewer than fifteen out of fifteen counts, the United States now fares markedly worse than Hong Kong. Taiwan outranks the US in nine out of fifteen. Even mainland China does better in two dimensions. Indeed, the United States makes the global top twenty in only one area. On every other count, its reputation is shockingly bad.[45] In the Heritage Foundation's Freedom Index, too, the US ranks twenty-first in the world in terms of freedom from corruption, a considerable distance behind Hong Kong and Singapore.[46]

Admittedly, these studies are based in large measure on survey data. They are subjective. Yet similar conclusions may be reached from other research based on more objective criteria, like the International Finance Corporation's data on the ease of doing business. In terms of the ease of paying taxes, for example, the United States ranks seventy-second in the world. In terms of dealing with construction permits, it ranks seventeenth; registering a property sixteenth; resolving insolvency fifteenth, and starting a business thirteenth.[47] The World Justice Project's Rule of Law 2011 index ranks the United States twenty-first out of sixty-first in terms of access to civil justice; twentieth for the effectiveness of criminal justice; nineteenth for fundamental rights; seventeenth for absence of corruption; sixteenth for the limiting of government powers; fifteenth for regulatory enforcement; thirteenth for order and security; and twelfth for the openness of government.[48]

Perhaps the most compelling evidence of all comes

from the World Bank's indicators on World Governance, which suggest that since 1996 the United States has suffered a decline in the quality of its governance in three different dimensions: government effectiveness, regulatory quality and control of corruption (see Figure 3.1).[49] Compared with Germany and Hong Kong, the US is manifestly slipping behind. This is a remarkable phenomenon in itself. Even more remarkable is that it is happening almost unnoticed by Americans. One small consolation is that the United Kingdom does not appear to have suffered a comparable decline in institutional quality.

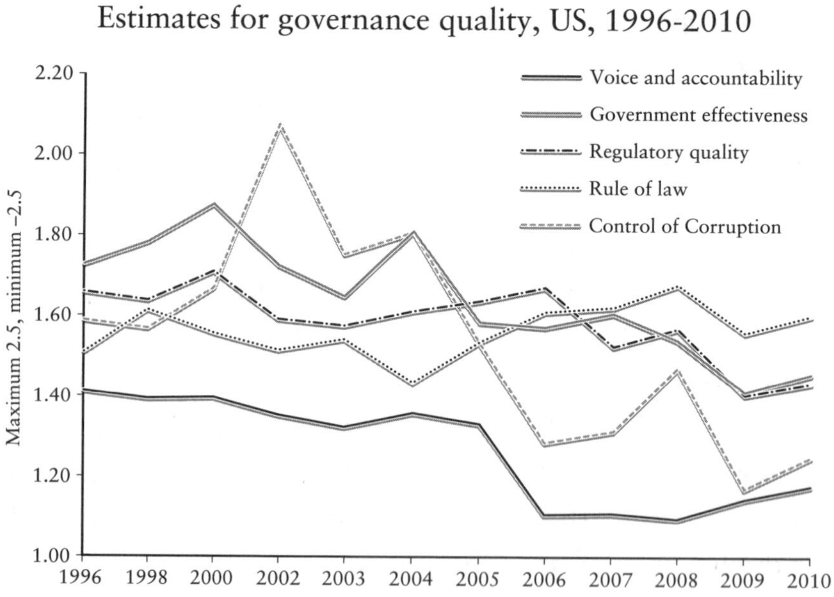

Figure 3.1
Source: www.govindicators.org.

Legal Reform around the World

If the rule of law, broadly defined, is deteriorating in the United States, where is it getting better? I have already mentioned the marked improvement in institutional quality in Hong Kong. This is by no means a solitary case. All over the developing world, countries are seizing the opportunity to improve their chances of attracting foreign and domestic investment and raising the growth rate by reforming their legal and administrative systems. The World Bank now does a very good job of keeping tabs on the progress of such reforms. I recently delved into the Bank's treasure trove, the World Development Indicators database, to see which countries in Africa are ranked highly in terms of:

1. the quality of public administration;
2. the business regulatory environment;
3. property rights and rule-based governance;
4. public sector management and institutions; and
5. transparency, accountability and corruption in the public sector.

The countries that appear in the top twenty developing economies in four or more of these categories are Burkino Faso, Ghana, Malawi and Rwanda.

Another approach I have taken is to look at the IFC's *Doing Business* reports since 2006 to see which developing countries have seen the biggest reduction in the number of days it takes to complete six procedures: starting a business, getting a construction permit, registering a property, paying taxes, importing goods and enforcing contracts.[50] The African winners are, in order of achievement, Nigeria, the Gambia, Mauritius, Botswana and Burundi. Other emerging markets apparently on the

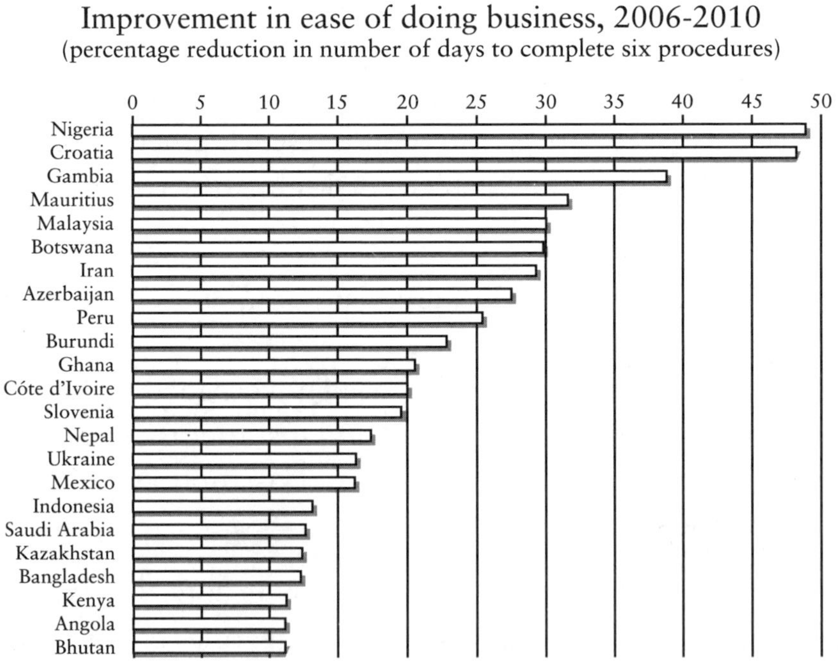

Figure 3.2
Source: International Finance Corporation, *Ease of Doing Business* reports.

right track are Croatia, Malaysia, Iran, Azerbaijan and Peru (see Figure 3.2).‡

Development economists like Paul Collier see the establishment of the rule of law in a poor country as occurring in four distinct stages. The first and indispensable step is to reduce violence. The second is to protect property rights. The third is to impose institutional checks on government. The fourth is to prevent corruption in the public sector.[51] Interestingly, this sounds very much like a potted version of the history of England from the end of the Civil War, through the Glorious Revolution to the nineteenth century Northcote–Trevelyan reforms of the civil service.

By contrast, the People's Republic of China has achieved astonishing growth without good legal institutions and without much improvement in them. Followers of the new institutional economics have struggled to explain this seeming exception to their rule. Is it because the Communist Party somehow makes 'credible commitments' now that growth is the sole basis of its legitimacy? Is it because there are in fact 'de facto property rights'? Is it because competition between the provinces has resulted in a kind of 'market-preserving federalism'? Or is it because contracts in China are relational, not legal: in other words, contract enforcement is informal, via *guanxi* (connections

‡ The appearance of Iran on the list is a reminder, of course, that such datasets must be used with caution.

or influence), rather than formal, through the law?[52] Whatever the explanation, many scholars – notably Daron Acemoglu and James Robinson – argue that if China does not now transition to the rule of law, there will be a low institutional ceiling limiting its future growth.[53] This is also the view of many Chinese legal activists, including (as we have already seen) Chen Guangcheng. And they are right.

According to one study, the average rate for enforcing civil and economic judgments in China in the mid-1990s was 60 per cent at the basic-level court, 50 per cent at the intermediate-level court, and 40 per cent at the provincial higher-level court, meaning that roughly half of Chinese court rulings at that time existed only on paper. The sort of contractual dispute that is most likely to involve significant amounts of unpaid debt – disputes involving banks and state-owned enterprises – had an average enforcement rate of just 12 per cent, even according to official estimates.[54] The case of Bo Xilai's anti-corruption campaign in Chongqing illustrates how far China still is from the rule of law. As He Weifang has pointed out, the Chongqing judges essentially acted as an arm of Bo's regime, accepting extorted confessions and omitting cross-examination. For years, He Weifang has campaigned for judicial independence, the accountability of the National People's Congress, especially with regard to taxation, the freedom of the press and the conversion of the Communist Party into a 'properly registered legal entity', subject to the law – including the currently meaningless individual rights in

Article 35 of the Constitution of the People's Republic, which include freedom of association, of procession and demonstration, and of religious belief. He also favours the privatization of state-owned enterprises because, as he puts it, 'private ownership is the foundation of the civil law'. Like Chen Guangcheng, he believes that the rule of law is the only way for China to escape from its historical oscillation between order and *dong luan* – turmoil.[55]

For those of us who live in the West, where lawyers often seem to have become their own vested interest, it is strange to encounter lawyers who aim at this kind of radical change. Today, however, Chinese lawyers – who numbered just 150,000 in 2007 – are a crucial force in China's rapidly evolving public sphere. Surveys suggest that they are 'strongly inclined towards political reform . . . and are profoundly discontented with the political status quo' – though this reflects not only the government interference they regularly have to endure but also the economic insecurity they suffer. Still, to read statements like the following, from a lawyer in Henan province, is to be reminded forcibly of a time when lawyers were in the vanguard of change in the English-speaking world (including in South Asian anti-colonial movements): 'The rule of law is premised on democracy; rights are premised on the rule of law; rights defence is premised on rights; and lawyers are premised on rights defence.'[56]

The fall of Bo Xilai in 2012 is one of a number of signs that elements within the Communist Party hear these arguments. In a speech in Shenzhen in June that year, Zhang Yansheng, secretary general of the academic committee for National Development and Reform, argued that 'we should shift towards reform based on rules and law,' adding: 'If such reform does not take off, China will run into big trouble, big problems.'[57] What we do not know is whether China's next experiment with importing the essentially Western notion of the rule of law will be more successful than past attempts. With good reason, He Weifang warns against naive imitation of the English (or American) legal systems. 'In Shakespeare's *A Midsummer Night's Dream*,' he writes in an engaging aside, 'a person was changed into a donkey, and the other person cried, "Bless thee! Thou art translated!" The introduction of a Western system to China is just like this.' Common law translated into Chinese might well turn out to be like Bottom: a donkey, if not an ass.[58]

The Rule of Lawyers

Like the human hive of politics or the hunting grounds of the market economy, the legal landscape is an integral part of the institutional setting in which we live our lives. Like a true landscape, it is organic, the product of slow-moving historical processes – a kind of judicial geology. But it is also a landscape in the sense of 'Capability' Brown: it can be improved upon. And it can also be made hideous – even rendered a desert – by the rash imposition of utopian designs. Oriental gardens flourish in England and English gardens in the Orient. But there are limits to what transplantation can achieve.

Once-verdant landscapes can become desiccated through natural processes, too. Mancur Olson used to argue that, over time, all political systems are likely to succumb to sclerosis, mainly because of rent-seeking activities by organized interest groups.[59] Perhaps that is what we see at work in the United States today. Americans could once boast proudly that their system set the benchmark for the world; the United States *was* the rule of law. But now what we see is the rule of *lawyers*, which is something different. It is surely no coincidence that lawyers are so over-represented in the US Congress. The share of senators who are lawyers is admittedly below its peak of 51 per cent in the early 1970s but it is still 37 per cent. Similarly, lawyers no longer account for 43 per cent of representatives in the House, as in the early 1960s, but at 24 per cent their share is still much larger than the equivalent figure for the House of Commons (14 per cent).[60]

Olson also argued that it can require an external shock – like a lost war – to sweep away the stifling residues of cronyism and corruption, and allow the rule of law in Bingham's and Dworkin's senses of the term to be re-established. It must fervently be hoped that the United States can avoid such a painful form of therapy. But how is the system to be reformed if, as I have argued, there is so much that is rotten within it: in the legislature, in the regulatory agencies, in the legal system itself?

The answer, as I shall argue in the next and final chapter, is that reform – whether in the English-speaking world or the Chinese-speaking – must come from outside the realm of public institutions. It must come from the associations of civil society. It must come, in short, from us: the citizens.

4. Civil and Uncivil Societies

Clearing the Beach

Nearly ten years ago I bought a house on the coast of South Wales. With its rugged, windswept Atlantic coastline, its rain-soaked golf courses, its remnants of industrial greatness and its green hills just visible through the drizzle, it reminded me a lot of where I grew up, in Ayrshire: only slightly warmer, nearer Heathrow airport and with a rugby team more likely to beat England.

I bought the house mainly to be beside the sea. But there was a catch. The lovely stretch of coastline in front of it was hideously strewn with rubbish. Thousands of plastic bottles littered the sands and rocks. Plastic bags fluttered in the wind, caught on the thorns of the wild Burnet roses. Beer and soft-drink cans lay rusting in the dunes. Crisp packets floated in the waves like repulsive opaque jellyfish.

Where did it all come from? Some of it was clearly

dropped by local youths, who seemed indifferent to the ruinous effect of their behaviour on the natural beauty of the land of their fathers. But much more seemed to come in from the sea. I began to read, with mounting horror, about the extent of offshore refuse dumping. It is a practice beyond the control of any government, regulator or law. Unlike a landfill site, the ocean is a free rubbish dump. Unlike the stuff earlier generations threw into it, plastic rubbish is neither biodegradable nor heavy enough to sink. Where it ends up is decided by the currents, tides and winds. Unfortunately for me, those of the Bristol Channel seemed intent on depositing a disproportionate share of all the trash in the North Atlantic in my backyard.

Dismayed, I asked the locals who was responsible for keeping the coastline clean. 'The council is supposed to do it, down by here,' one of them explained. 'But they don't do nothing about it, do they?' This was not so much *Under Milk Wood* as *Under Milk Carton*. Infuriated, and perhaps evincing the first symptoms of an obsessive–compulsive disorder, I took to carrying and filling black bin-liners whenever I went for a walk. But it was a task far beyond the capacity of one man.

And that was when it happened. I asked for volunteers. The proposition was simple: come and help make this place look as it should; lunch provided. The first beach clear-up was a modest affair: no more than eight or nine people came, and not all of them stuck at the work, which involved backache and dirty fingers. The second was more of a success. The sun actually shone, as it sometimes – very occasionally – does.

It was when the local branch of the Lions Club got involved, however, that the breakthrough came. I had never heard of the Lions Club. I learned that it is originally an American association, not unlike the Rotary Club: both were founded by Chicago businessmen about a century ago, and both are secular networks whose members dedicate time to various good causes. The Lions brought a level of organization and motivation that far exceeded my earlier improvised efforts. As a result of their involvement, the shoreline was transformed. The plastic bottles were bagged and properly disposed of. The roses were freed from their ragged polythene wrappings. One measure of our success was a marked increase in the number of locals and visitors walking along the coastal path.

My Welsh experience taught me the power of the voluntary association as an institution. Together, spontaneously, without any public sector involvement, without any profit motive, without any legal obligation or power, we had turned a depressing dumping ground back into a beauty spot. And every time I wander down for a swim, I ask myself: how many other problems could be solved in this simple and yet satisfying way?

In the previous chapters, I have tried to prise open some tightly shut black boxes: the one labelled 'democracy', the one labelled 'capitalism' and the one labelled 'the rule of law'. In this final chapter, I want to unlock the black box labelled 'civil society'. I want to ask how far it is possible for a truly free nation to flourish in the absence of the kind of vibrant civil society we used to take for granted. I want to suggest that the opposite of civil society is uncivil society, where even the problem of anti-social behaviour becomes a problem for the state. And I want to cast doubt on the idea that the new social networks of the internet are in any sense a substitute for real networks of the sort that helped me clear my local beach.

The Rise and Fall of Social Capital

'America is, among the countries of the world,' declared Alexis de Tocqueville in the first book of his *Democracy in America*:

> the one where they have taken most advantage of association and where they have applied that powerful mode of action to a greater diversity of objects.
>
> Independent of the permanent associations created by law under the names of townships, cities and counties, there is a multitude of others that owe their birth and development only to individual will.
>
> The inhabitant of the United States learns from birth that he must rely on himself to struggle against the evils

> and obstacles of life; he has only a defiant and restive regard for social authority and he appeals to its authority only when he cannot do without it . . . In the United States, they associate for the goals of public security, of commerce and industry, of morality and religion. There is nothing the human will despairs of attaining by the free action of the collective power of individuals.[1]

Tocqueville saw America's political associations as an indispensable counterweight to the tyranny of the majority in modern democracy. But it was the non-political associations that really fascinated him:

> Americans of all ages, all conditions, all minds constantly unite. Not only do they have commercial and industrial associations in which all take part, but they also have a thousand other kinds: religious, moral, grave, futile, very general and very particular, immense and very small; Americans use associations to give fêtes, to found seminaries, to build inns, to raise churches, to distribute books, to send missionaries to the antipodes; in this manner they create hospitals, prisons, schools. Finally, if it is a question of bringing to light a truth or developing a sentiment with the support of a great example, they associate.[2]

This is a justly famous passage, as is Tocqueville's amusing contrast between the way American citizens banded together to campaign against alcohol abuse and the approach to social problems in his native land: 'if those hundred thousand [members of the American Temperance Society] had lived in France, each of them would have addressed himself individually to the government,' begging it to oversee the nation's wine bars.[3]

Tocqueville did not exaggerate nineteenth-century America's love of voluntary associations. To give just a single example, from the historian Marvin Olasky, the associations affiliated with 112 Protestant churches in Manhattan and the Bronx at the turn of the twentieth century were responsible for forty-eight industrial schools, forty-five libraries or reading rooms, forty-four sewing schools, forty kindergartens, twenty-nine savings banks and loan associations, twenty-one employment offices, twenty gymnasia and swimming pools, eight medical dispensaries, seven full-day nurseries and four lodging houses. And this list excludes the activities of Roman Catholic, Jewish and secular voluntary associations, of which there were also plenty.[4] Continental Europe, as Tocqueville rightly noted, was never like this. In his book *The Moral Basis of a Backward Society*, Edward Banfield contrasted the 'amoral familism' of a southern Italian town he called 'Montegrano' with the rich associational life of St George, Utah. Same terrain, same climate – different institutions. In Montegrano, there was just one association: a card-playing club to which twenty-five upper-class men belonged. There was also an orphanage, run by an order of nuns in an ancient monastery, but the local townspeople did nothing to assist their efforts or help maintain the crumbling cloister.[5]

Yet, just as Tocqueville had feared, the associational vitality of the early United States has since significantly diminished. In his best-selling book *Bowling Alone*, Robert Putnam detailed the drastic declines, between around 1960 or 1970 and the late 1990s, in a long list of indicators of 'social capital':

- attendance at a public meeting on town or school affairs: down 35 per cent;
- service as an officer of a club or organization: down 42 per cent;
- service on a committee for a local organization: down 39 per cent;
- membership of parent–teacher associations: down 61 per cent;
- the average membership rate for thirty-two national chapter-based associations: down by almost 50 per cent; and
- membership rates for men's bowling leagues: down 73 per cent.[6]

As Theda Skocpol argued in her 2003 study *Diminished Democracy*, organizations like the Elks, the Moose, the Rotarians and indeed my friends the Lions – which once did so much to bring together Americans of different income groups and classes – are in decline in the United States.[7] In a similar vein (though from a very different ideological point of origin), Charles Murray's superb 2012 book *Coming Apart* makes the argument that the breakdown of both religious and secular associational life in working-class communities is one of the key drivers of social immobility and widening inequality in the United States today.[8]

If the decline of American civil society is so far advanced, what hope is there for Europeans? Britain has sometimes been represented as the exception to Putnam's 'law' of declining social capital. Like the United States, the United Kingdom experienced a golden age of associational life in the nineteenth century, 'the age [in the historian G. M. Trevelyan's words] of Trade Unions, Cooperative and Benefit Societies, Leagues, Boards, Commissions, Committees for every conceivable purpose of philanthropy and culture'. As Trevelyan joked, 'not even the dumb animals were left unorganized'.[9] In 1911 the gross annual receipts of registered charities exceeded national public expenditure on the Poor Law.[10] The absolute number of cases of hardship reviewed by charities was remarkably constant between 1871 and 1945.[11] The implementation of William Beveridge's recommendation for a centrally administered system of national insurance and healthcare radically altered the role of many British 'friendly societies', either turning them into agencies of government welfare or rendering them obsolete.[12] But in other ways British associational life remained vital. In the 1950s sociologists were still impressed by the resilience of this network of voluntary societies. Indeed, according to Peter Hall, it largely survived even the 1980s, the sole exceptions being traditional women's organizations, some youth organizations and service organizations like the Red Cross, which did suffer declines of membership.[13]

However, on closer inspection, this story of resilience looks questionable. The reports of the Registrar of Friendly Societies, which began in 1875 and continued until 2001, allow us to trace over the long run the number and membership of friendly societies (such as working men's clubs), industrial and provident societies (such as co-operatives) and building societies (mutually owned saving and mortgage-lending associations). In absolute terms, the peak in the number of such societies was in 1914 (36,010) and the peak in membership in 1908 (33.8 million) – at a time when the population of the United Kingdom was just over 44 million. By contrast, there were just over 12,000 societies in 2001. Membership figures for that year are available only for the 9,000 industrial and provident societies and amount to 10.5 million, compared with a total population of 59.7 million.[14] The Manchester Unity of Oddfellows, an umbrella organization for friendly societies, had 713,000 members in 1899, compared with 230,000 today.[15] Moreover, a comparative study based on the World Values Survey showed Britain slipping from ninth to twelfth place in the international league table for voluntarism, as the share of the population claiming to be members of one or more voluntary associations fell from 52 per cent in 1981 to 43 per cent in 1991.[16] The most recent survey data indicates a further decline (see Figure 4.1) and indeed suggests that even more Britons than Americans are now 'bowling alone'.

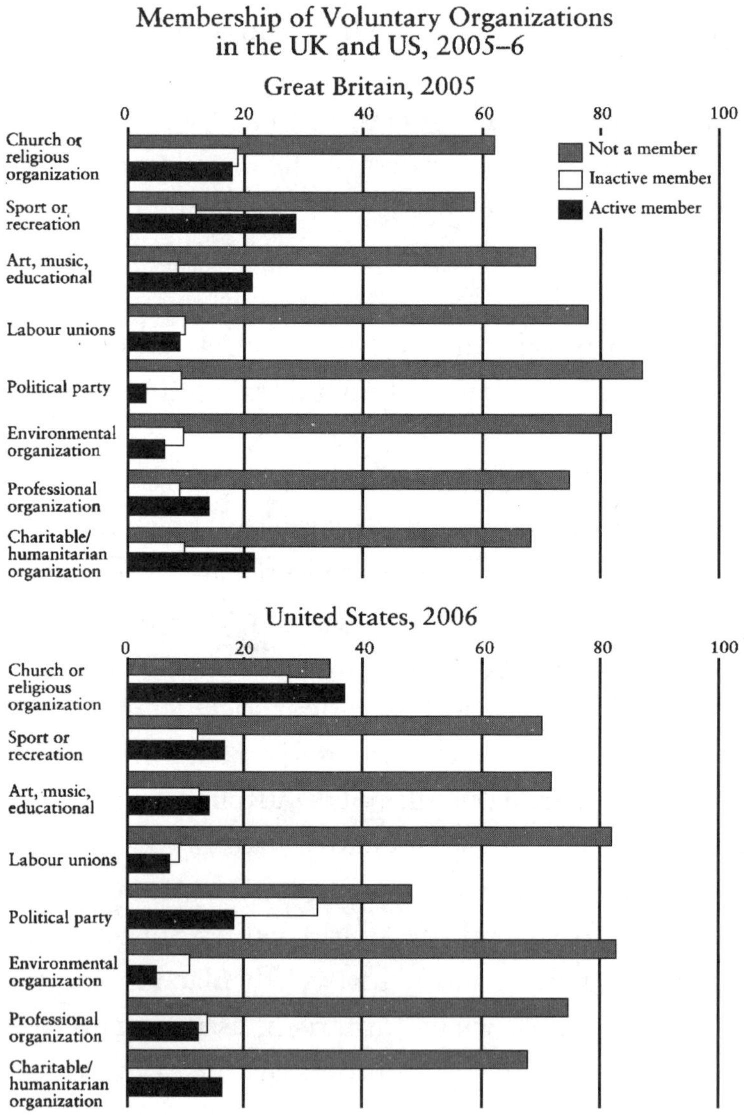

Figure 4.1 Membership of voluntary organizations in the UK and US, 2005–2006

Source: Source: World Values Survey Association, World Value Survey, 1981–2008, official aggregate v.20090902 (2009): http://www.wvsevsdb.com/wvs/WVSIntegratedEVSWVSvariables.jsp?Idioma=I.

The decline of British 'social capital' has manifestly accelerated. Not only has membership of political parties and trade unions plummeted. Long-established charities have seen 'a marked drop in numbers'. Membership of any type of organization was also lower in 2007 than in 1997. Remarkably, according to the National Council of Voluntary Organizations, just '8 per cent of the population [accounts] for almost half of all volunteer hours'.[17] Charitable donations show a similar trend. Although the average donation has gone up, the percentage of households giving to charity has fallen since 1978 and more than a third of donations now come from the over-sixty-fives, compared with less than a quarter some thirty years ago. (In the same period, the elderly have gone from 14 per cent to 17 per cent of the population.)[18] The final publications of the Citizenship Survey for England made for truly dismal reading.[19] In 2009–10:

- Only one in ten people had any involvement in decision-making about local services or in the provision of these services (for example, being a school governor or a magistrate).
- Only a quarter of people participated in any kind of formal volunteering at least once a month (of which most either organized or helped to run an event – usually a sporting event – or participated in raising money for one).
- The share of people informally volunteering at least once a month (for example to help elderly

neighbours) fell to 29 per cent, down from 35 per cent the previous year. The share giving informal help at least once a year fell from 62 to 54 per cent.

- Charitable giving continued its decline since 2005.

What is happening? For Putnam, it is primarily technology – first television, then the internet – that has been the death of traditional associational life in America. But I take a different view. Facebook and its ilk create social networks that are huge but weak. With 900 million active users – nine times the number in 2008 – Facebook's network is a vast tool enabling like-minded people to exchange like-minded opinions about, well, what they like. Maybe, as Jared Cohen and Eric Schmidt argue, the consequences of such exchanges will indeed be revolutionary – though just how far Google or Facebook really played a decisive role in the Arab Spring is debatable.[20] (After all, Libyans did more than just unfriend Colonel Gaddafi.) But I doubt very much that online communities are a substitute for traditional forms of association.

Could I have cleared the beach by 'poking' my Facebook friends or creating a new Facebook group? I doubt it. A 2007 study revealed that most users in fact treat Facebook as a way to maintain contact with existing friends, often ones they no longer see regularly because they no longer live near by. The students surveyed were two and half times more likely to use Facebook this way than to initiate connections with strangers – which is what I had to do to clear the beach.[21]

It is not technology that has hollowed out civil society. It is something Tocqueville himself anticipated, in what is perhaps the most powerful passage in *Democracy in America*. Here, he vividly imagines a future society in which associational life has died:

> I see an innumerable crowd of like and equal men who revolve on themselves without repose, procuring the small and vulgar pleasures with which they fill their souls. Each of them, withdrawn and apart, is like a stranger to the destiny of all the others: his children and his particular friends form the whole human species for him; as for dwelling with his fellow citizens, he is beside them, but he does not see them; he touches them and does not feel them; he exists only in himself and for himself alone . . .
>
> Above these an immense tutelary power is elevated, which alone takes charge of assuring their enjoyments and watching over their fate. It is absolute, detailed, regular, far-seeing, and mild. It would resemble paternal power if, like that, it had for its object to prepare men for manhood; but on the contrary, it seeks only to keep them fixed irrevocably in childhood . . .
>
> Thus, after taking each individual by turns in its powerful hands and kneading him as it likes, the sovereign extends its arms over society as a whole; it covers its surface with a network of small, complicated, painstaking, uniform rules through which the most original minds and the most vigorous souls cannot clear a way to surpass the crowd; it does not

> break wills, but it softens them, bends them, and directs them; it rarely forces one to act, but it constantly opposes itself to one's acting; it does not destroy, it prevents things from being born; it does not tyrannize, it hinders, compromise, enervates, extinguishes, dazes, and finally reduces each nation to being nothing more than a herd of timid and industrious animals of which the government is the shepherd.[22]

Tocqueville was surely right. Not technology, but the state – with its seductive promise of 'security from the cradle to the grave' – was the real enemy of civil society. Even as he wrote, he recorded and condemned the first attempts to have 'a government . . . take the place of some of the greatest American associations'.

> But what political power would ever be in a state to suffice for the innumerable multitude of small undertakings that American citizens execute every day with the aid of an association?. . . The more it puts itself in place of associations, the more particular persons, losing the idea of associating with each other, will need it to come to their aid . . . The morality and intelligence of a democratic people would risk no fewer dangers than its business and its industry if the government came to take the place of associations everywhere.
>
> Sentiments and ideas renew themselves, the heart is enlarged, and the human mind is developed only by the reciprocal action of men upon one another.[23]

Amen to that.

Privatizing Schools

To see just how right that wise old Frenchman was, ask yourself: how many clubs do you belong to? For my part, I count three London clubs, one in Oxford, one in New York and one in Cambridge, Massachusetts. I am a deplorably inactive member, but I pay my dues and use the sports facilities, the dining facilities and the guest rooms several times a year. I give regularly, though not enough, to two charities. I belong to one gymnasium. I support a football club.

I am probably most active as an alumnus of the principal educational institutions I attended in my youth: the Glasgow Academy and Magdalen College, Oxford. I also regularly give time to the schools my children attend, as well as to the university where I teach. Let me explain why I am so partial to these independent* educational institutions.

The view I am about to state is highly unfashionable. At a lunch held by the *Guardian* newspaper, I elicited gasps of horror when I uttered the following words: in my opinion, the best institutions in the British Isles today are the independent schools. (Needless to say, those who gasped loudest had all attended such schools.) If there is one educational

* Strictly speaking, Magdalen is part of a state-funded university, the independence of which has intermittently been challenged by the government. But the college remains a self-governing entity with its own endowment.

policy I would like to see adopted throughout the United Kingdom, it would be a policy that aimed to increase significantly the number of private educational institutions – and, at the same time, to establish programmes of vouchers, bursaries and scholarships to allow a substantial number of children from lower-income families to attend them.

Of course, this is the kind of thing that the left reflexively denounces as 'elitist'. Even some Conservatives, like George Walden, regard private schools as a cause of inequality, institutions so pernicious that they should be abolished. Let me explain why such views are utterly wrong.

For about a hundred years, no doubt, the expansion of public education was a good thing. As Peter Lindert has pointed out, schools were the exception that proved Tocqueville's rule, for it was the American states that led the way in setting up local taxes to fund universal and indeed compulsory schooling after 1852. With few exceptions, widening the franchise elsewhere in the world led swiftly to the adoption of similar systems. This was economically important, because the returns to universal education were high: literate and numerate people are much more productive workers.[24] But we need to recognize the limits of public monopolies in education, especially for societies that have long ago achieved mass literacy. The problem is that public monopoly providers of education suffer from the same problems that afflict monopoly providers of anything: quality declines because of lack of competition and the creeping power of vested 'producer' interests.

We also need to acknowledge, no matter what our ideological prejudices, that there is a good reason why private educational institutions play a crucial role in setting and raising educational standards all over the world.

I am not arguing for private schools against state schools. I am arguing for both, because 'biodiversity' is preferable to monopoly. A mix of public and private institutions with meaningful competition favours excellence. That is why American universities (which operate within an increasingly global competitive system) are the best in the world – twenty-one out of the world's top thirty – while American high schools (in a localized monopoly system) are generally rather bad – witness the 2009 results of the Programme for International Student Assessment for mathematical attainment at age fifteen. Would Harvard be Harvard if it had at some point been nationalized by either the State of Massachusetts or the federal government? You know the answer.

In the United Kingdom, we have the opposite system: it is the universities that have essentially been reduced to agencies of a government-financed National Higher Education Service – despite the advent in England and Wales of top-up fees that are still below what the best institutions should be charging – whereas there is a lively and financially unconstrained independent sector in secondary education. The results? Apart from the elite, which retain their own resources and/or reputations, most UK universities are in a state of crisis. Only seven made it into *The Times Higher*

Education Supplement's latest global top fifty. Yet we boast some of the finest secondary schools on the planet.

The apologists of traditional state education need to grasp a simple point: by providing 'free' state schooling that is generally of mediocre quality, you incentivize the emergence of a really good private system (since nobody is going to pay between £10,000 and £30,000 a year for an education that is just a wee bit better than the free option).[25]

It is rather ironic that, at the time of writing, the policies being introduced to address the problem of low-quality public education in England are the responsibility of a Scotsman. Michael Gove picked up the idea from an Old Fettesian named Tony Blair: turning failing schools into self-governing academies. Between 2010 and 2012, the number of academies went from just 200 to approaching half of all secondary schools. Schools like Mossbourne Academy in Hackney or Durand Academy, a primary in Stockwell, show what can be achieved even in impoverished neighbourhoods when the dead hand of local authority control is removed.[26] Even more promising are the new 'free schools' being set up by parents, teachers and others, like Toby Young, who has finally worked out the real way to win friends and influence people.[27] Notice that these schools are not selective. They remain state funded. But their increased autonomy has swiftly led to much higher standards of both discipline and learning.

There are many on the left who deplore these developments. (Many Labour MPs would happily disown the very idea of academies.) Yet they are part of a global trend. All over the world, smart countries are moving away from the outdated model of state education monopolies and allowing civil society back into education, where it belongs.

Many people erroneously believe that Scandinavia is a place where the old-fashioned welfare state is alive and well. In fact, only Finland has maintained a strict state monopoly on education, the success of which makes that country the exception that proves my rule. By contrast, Sweden and Denmark have been pioneers of educational reform. Thanks to a bold scheme of decentralization and vouchers, the number of independent schools has soared in Sweden. Denmark's 'free' schools are independently run and receive a government grant per pupil, but are able to charge fees and raise funds in other ways if they can justify doing so in terms of results. (Similar reforms have meant that around two-thirds of Dutch students are now in independent schools.)[28]

Today in the United States, there are more than 2,000 charter schools – like English academies, publicly funded but independently run – bringing choice in education to around 2 million families in some of the country's poorest urban areas. Organizations like Success Academy have to endure vilification and intimidation from the US teachers' unions precisely because the higher standards at their charter schools pose such a threat to the status quo of under-performance and under-achievement. In New York City's public schools, 62 per cent of third, fourth and fifth graders passed their maths exams last year. The latest figure at Harlem Success Academy was 99 per cent. For science it was 100 per cent.[29] And this was not because the charter schools cherry-pick the best students or attract the most motivated parents. Students are admitted to Harlem Success by lottery. They do better because the school is both accountable and autonomous.

There is, however, a further step that still needs to be taken – even by Michael Gove. That step is to increase the number of schools that are truly independent, in the sense of being privately funded; and truly free, in the sense of being free to select pupils. Significantly, six out of ten academy heads said in a March 2012 survey that the national agreement on pay and conditions prevents them from paying effective teachers more money, or extending the school day to give weaker pupils extra tuition.[30] There are no such inhibitions about private education elsewhere. In Sweden companies like Kunskapsskolan ('The Knowledge School') are educating tens of thousands of pupils. In Brazil, private school chains like Objetivo, COC and Pitágoras are teaching literally hundreds of thousands of students. Perhaps the most remarkable case, however, is India. There, as James Tooley has shown, the best hope of a decent education in the slums of cities like Hyderabad comes from private schools like the imaginatively named Royal Grammar School, Little Nightingale's High School or Firdaus Flowers Convent School.[31] Tooley and his researchers have found similar private schools in parts of Africa too. Invariably, they are a response to atrociously bad public schools, where class sizes are absurdly large and teachers are frequently asleep or absent.

The problem in Britain is not that there are too many private schools. The problem is that there are too few – and if their charitable status is ultimately revoked, there will be even fewer. Only around 7 per cent of British teenagers are in private schools, about the same proportion as in the United States. If you want to know one of the reasons why Asian teenagers do so much better than their British and American peers in standardized tests, it is this: private schools educate more than a quarter of pupils in Macao, Hong Kong, South Korea, Taiwan and Japan. The average PISA maths score for those places is 10 per cent higher than for the UK and the US. The gap between them and us is as large as the gap between us and Turkey. It is no coincidence that the share of Turkish students in private schools is below 4 per cent.

Private education benefits more people than just the elite. In a 2010 article, Martin West and Ludwig Woessmann demonstrated that 'a 10 per cent increase in enrolment in private schools improves a country's mathematics test scores . . . by almost half a year's worth of learning. A 10 per cent increase in private school enrolment also reduces the total educational spending per student by over 5 per cent of the OECD average.'[32] In other words, more private education means higher-quality and more efficient education for everyone. A perfect illustration is the way Wellington College is now sponsoring a publicly funded academy. Another is the way schools like Rugby and Glasgow Academy are expanding their bursary schemes, aiming to increase the proportion of pupils whose fees are covered from the school's own resources.

The education revolution of the twentieth century was that basic education became available for most people in democracies. The education revolution of the twenty-first century will be that good education will become available for an increasing proportion of children. If you are against that, then you are the true elitist: you are the one who wants to keep poor kids in lousy schools.

A Bigger Society

The bigger story I am telling, using education as the example, is that over the past fifty years governments encroached too far on the realm of civil society. That had its benefits where (as in the case of primary education) there was insufficient private provision. But there were real costs, too.

Like Tocqueville, I believe that spontaneous local activism by citizens is better than central state action not just in terms of its results, but more importantly in terms of its effect on us as citizens. For true citizenship is not just about voting, earning and staying on the right side of the law. It is also about participating in the 'troop' – the wider group beyond our families – which is precisely where we learn how to develop and enforce rules of conduct: in short, to govern ourselves. To educate our children. To care for the helpless. To fight crime. To keep the streets clean.

Since the phrase 'big society' entered the political lexicon, abuse has been heaped upon it. In the same month that I delivered the lectures on which this book is based (June 2012), the Archbishop of Canterbury called it 'aspirational waffle designed to conceal a deeply damaging withdrawal of the state from its responsibilities to the most vulnerable'.[33] Even Martin Sime, the chief executive of the Scottish Council of Voluntary Organizations – who claims to believe in 'self-help' – has described the big society as a 'toxic brand . . . a Tory con trick and a cover for cuts'.[34] It will be clear by now that I am much more sympathetic than these gentlemen to the idea that our society – and indeed most societies – would benefit from more private initiative and less dependence on the state. If that is now a conservative position, so be it. Once, it was considered the essence of true liberalism.

In the preceding pages, I have tried to argue that we are living through a profound crisis of the institutions that were the keys to our previous success – not only economic, but also political and cultural – as a civilization. I have represented the crisis of public debt, the single biggest problem facing Western politics, as a symptom of the betrayal of future generations: a breach of Edmund Burke's social contract between the present and the future.

I have suggested that the attempt to use complex regulation to avert future financial crises is based on a profound misunderstanding of the way the market economy works: a misunderstanding into which Walter Bagehot never fell.

I have warned that the rule of law, so crucial to the operation of both democracy and capitalism, is in danger of degenerating into the rule of lawyers: a danger Charles Dickens well knew.

And, finally, I have proposed that our once vibrant civil society is in a state of decay, not so much because of technology, but because of the excessive pretensions of the state: a threat that Tocqueville presciently warned Europeans and Americans against.

We humans live in a complex matrix of institutions. There is government. There is the market. There is the law. And then there is civil society. Once – I'm tempted to date it from the time of the Scottish Enlightenment – this matrix worked astonishingly well, with each set of institutions complementing and reinforcing the rest. That, I believe, was the key to Western success in the eighteenth, nineteenth and twentieth centuries. But the institutions in our times are out of joint.

It is our challenge, in the years that lie ahead, to restore them – to reverse the Great Degeneration – and to return to those first principles of a truly free society which I have tried to affirm, with a little help from some of the great thinkers of the past.

It is time, in short, to clear up the beach.

Conclusion

Inequalities Explained

Why are some countries so much richer than others? To be precise, why are real wages – wages adjusted for the cost of living – higher in some countries than in others? Real wages in London were more than seven times higher than in Canton on the eve of the First World War, whereas they had been roughly comparable (allowing for differences in patterns of consumption) 200 years before.[1] This was despite the fact that between 1700 and 1900 the world economy became far more integrated, with unprecedented flows of capital, goods and labour. Today, in another age of globalization, we encounter similar differentials. Manufacturing wages in China are no longer one-twentieth of the US level, as they were in 2005; indeed, they are projected to rise from one-tenth to one-fifth of American wages between 2012 and 2015. In purchasing-power parity terms, the gap is already even narrower. The number of Big Macs an employee of McDonald's can buy with an hour of work is just four times higher in the United States than in China.[2] Yet that is still a significant gap.

While there is a consensus that such differentials are related to differences in 'total factor productivity', there is little agreement as to what is responsible for such differences. Explanations that emphasize the role of geography, climate, disease or natural-resource endowments are less convincing today than they seemed in the eighteenth century. Scientific knowledge, technological innovation and market integration have greatly reduced the significance of distance, weather and germs, while mineral wealth has been revealed to be as much a curse as a blessing. Explanations that assert racial differences in intelligence or industriousness are no longer taken seriously. There are pronounced differences in IQ between genetically indistinguishable populations, such as West and East Germans before 1991, or the Irish and Irish-Americans in around 1970. We can also trace far more rapid changes in average IQ over time than can be explained in terms of biology.[3] The roles of religion, culture or 'national character' have also long intrigued sociologists. But the evidence of economic history is that shifts from poverty to prosperity generally happen too suddenly and in too many different cultural milieus to be explained in such terms.

In any case, the differences in economic welfare within countries are in some ways just as big as the differences between them. In 2007 the average income of Americans in the top 1 per cent in terms of income was thirty times that of the average income of Americans in the remaining 99 per cent. This is another differential that has changed rapidly in recent years – but, unlike inter-country inequality, intra-country inequality has been increasing rather than diminishing. In 1978 the top percentile was just ten times richer than everyone else. By most measures, American society is as unequal today as it was in the late 1920s.[4] Another way of putting this is that a massive proportion of the benefits of the last thirty-five years of economic growth has gone to the super-elite. That was not true in the period between the Great Depression of the 1930s and the Great Inflation of the 1970s. Between 1933 and 1973 the average income of the 99 per cent rose (before tax) by a factor of four and a half. Yet from 1973 until 2010 it actually fell.[5]

So what exactly is going on? As we have seen, narrowly economic explanations that focus on the impact of financial forces ('deleveraging'), international integration ('globalization'), the role of information technology ('offshoring' and 'outsourcing') or fiscal policy ('stimulus' versus 'austerity') do not offer sufficient explanations. We need to delve into the history of institutions to understand the complex dynamics of convergence and divergence that characterize today's world. The democratic deficits of Chapter 1, the regulatory fragility of Chapter 2, the rule of lawyers of Chapter 3 and the uncivil society of Chapter 4:

these offer better explanations of why the West is now delivering lower growth and greater inequality than in the past – in other words, why it is now the West that finds itself in Adam Smith's stationary state.

The Urban Future

In these concluding pages, I want to ask what my diagnosis of a great institutional degeneration in the Western world implies about the future. To answer that question it is helpful to borrow former US Defense Secretary Donald Rumsfeld's famous typology of 'known knowns', 'known unknowns' and 'unknown unknowns' – but to add a fourth category: 'unknown knowns'. These are the future scenarios that are quite well known to students of history, but which are ignored by everybody else.

Let us begin with the known knowns. Aside from the laws of physics and chemistry, the following things are unlikely to change significantly in the foreseeable future: the normal (or bell-curve) distribution of intelligence in any population, the cognitive biases of the human mind, and our evolved biological behaviours. We can also assume that the global population will continue to rise towards 9 billion, though with nearly all of the increase concentrated in Africa and South Asia, and that in the rest of the world the age structure will tilt further in the direction of the elderly. On the other hand, at least some key commodities – base metals and rare earths in particular – will remain in finite supply. However, the pace of global technological diffusion seems likely to remain high and that this will encourage the continued migration of people from the country to the cities. The developing world's new 'megacities' – conurbations with populations of more than ten million – will thus play a defining role in the twenty-first century. There are already twenty of these: six (led by Shanghai) in China, three (led by Mumbai) in India, along with Mexico City, São Paolo, Dhaka, Karachi, Buenos Aires, Manila, Rio de Janeiro, Moscow, Cairo, Istanbul and Lagos. These, along with 420 other non-Western cities, could generate close to half of all the growth between 2012 and 2025, according the McKinsey Global Institute.[6]

In many ways, this is an exciting prospect. The physicist Geoffrey West has shown that there are both economies of scale (in infrastructure) and increasing returns to scale (in human creativity) from the process of urbanization. In his words: 'Cities are . . . the cause of the good life. They are the centres of wealth creation, creativity, innovation, and invention. They're the exciting places. They are these magnets that suck people in.' West and his colleagues at the Santa Fe Institute have identified two remarkable statistical regularities. First, 'every infrastructural quantity . . . from total length of roadways to the length of electrical lines to the length of gas lines . . . scaled in the same way as the number of gas stations.' That is to say, the bigger the city, the fewer gas stations were needed per capita, an economy of scale with a fairly consistent exponent of around 0.85 (meaning that, when a city's population increases by 100 per cent, it needs to increase the number of gas stations per capita by only 85 per cent). Secondly, and more surprisingly:

> Socioeconomic . . . things like wages, the number of educational institutions, the number of patents produced, et cetera . . . scaled in what we called a super-linear fashion. Instead of being an exponent less than one, indicating economies of scale, the exponent was bigger than one, indicating . . . increasing returns to scale . . . That says that systematically, the bigger the city, the more wages you can expect, the more educational institutions in principle, [the] more cultural events, [the] more patents are produced, it's more innovative and so on. Remarkably, all to the same degree. There was a universal exponent which turned out to be approximately 1.15, which . . . says something like the following: If you double the size of a city from 50,000 to a hundred thousand, a million to two million, five million to ten million . . . systematically, you get a roughly 15 per cent increase in productivity, patents, the number of research institutions, wages [per capita] . . . and you get systematically a 15 per cent saving in length of roads and general infrastructure.[7]

People even walk disproportionately faster in big cities than in small ones. There is a disproportionately wider range of possible jobs to do. All this is best explained in terms of network effects. True, there are equally large negative externalities: bigger cities have disproportionately bigger problems with crime, disease and pollution. But provided we can innovate fast enough, West argues, our megacities can avoid – or at least postpone – the moment of collapse.*

West's analysis explains why the process of urbanization – which is in many ways at the heart of the history of civilization – is more than exponential. Although his data are drawn from all over the world, however, we know that there is a major difference in the benefits of urbanization between New York or London, on the one hand, and Mumbai or Lagos, on the other. In late July 2012, a massive failure of the power grid in northern India – which deprived 640 million people of electricity – provided a reminder that megacities are very fragile networks. We know, too, that at times in New York's history – notably the late 1980s, when violent crime peaked – the negative externalities of urban networks came close to outweighing the positives.

The argument of this book implies that the net benefits

* In West's words: 'One of the bad things about open-ended growth, growing faster than exponentially, is that open-ended growth eventually leads to collapse. It leads to collapse mathematically because of something called finite times singularity. You hit something that's called a singularity, which is a technical term, and it turns out as you approach this singularity, the system, if it reaches it, will collapse.'

of urbanization are conditioned by the institutional framework within which cities operate. Where there is effective representative government, where there is a dynamic market economy, where the rule of law is upheld and where civil society is independent from the state, the benefits of a dense population overwhelm the costs. Where these conditions do not pertain, the opposite applies. Put differently, in a secure institutional framework, urban networks are what Nassim Taleb calls 'anti-fragile': they evolve in ways that are not only resilient in the face of perturbations, but actually gain strength from them (like London during the Blitz). But where that framework is lacking, urban networks are fragile: they can collapse in the face of a relatively small shock (like Rome when attacked by the Goths in AD 410).

Shooters and Diggers

In the spaghetti Western *The Good, the Bad and the Ugly*, there is a memorable scene that sums up the world economy today. Blondie (Clint Eastwood) and Tuco (Eli Wallach) have finally found the cemetery where they know the gold they seek is buried – a vast Civil War graveyard. Eastwood looks at his gun, looks at Wallach and utters the immortal line: 'In this world, there are two kinds of people, my friend. Those with loaded guns . . . and those who dig.'

In the post-crisis economic order, there are likewise two kinds of economies. Those with vast accumulations of assets, including sovereign wealth funds (currently in excess of $4 trillion) and hard-currency reserves ($5.5 trillion for emerging markets alone), are the ones with loaded guns. The economies with huge public debts (which now total nearly $40 trillion worldwide), by contrast, are the ones that have to dig. In such a world, it pays to have underground resources. But these are not distributed at all fairly. By my calculations, the estimated market value of the world's proven subsoil mineral reserves is around $359 trillion, of which just over 60 per cent is owned by just ten countries: Russia, the United States, Australia, Saudi Arabia, China, Guinea (which is rich in bauxite), Iran, Venezuela, South Africa and Kazakhstan.[8]

Now we enter the realm of the known unknowns. We do not know by how much resource discoveries (especially in unsurveyed Africa) and technological advances (such as hydraulic fracturing) will increase the supply of natural resources in the years to come. Nor do we know what impact financial crises will have on commodity prices and therefore the incentive to exploit new sources of fuel and material. Finally, we do not know with any certainty how politics will affect a sector that is more vulnerable to expropriation and arbitrary taxation than any other because of the immobile nature of its assets. We know that the unrestricted burning of fossil fuels is likely to lead to changes in the earth's climate, but we do not know exactly what these will be or when they will be disruptive enough to generate a meaningful policy response. Until then, the West will indulge itself with fantasies about 'green' energy, and the Rest will continue to burn coal as fast as it can be dug up, instead of doing the things that would really reduce carbon dioxide emissions: building nuclear and clean-coal power-plants, converting vehicles to natural gas and increasing the energy efficiency of the average home.[9] All these known unknowns explain the extraordinary whipsaw movements in commodity prices that we have witnessed since 2002.

Also in the category of known unknowns belong two distinct kinds of natural disaster: earthquakes and the associated tsunamis they cause, which are randomly generated by the movements of the earth's tectonic plates (so we know their location but not their timing or magnitude), and pandemics, which arise from the similarly random mutation of viruses like influenza. The most that can be said about these two threats to humanity is that they will kill many more people in the future than in the past because of the increasing concentration of our species in cities in the Asia-Pacific region which, perversely, are often located close to fault lines because of the human fondness for coastal locations. Add to this the problem of nuclear proliferation, and it does not seem unreasonable to regard the world as a more dangerous place than it was during the Cold War, when the principal threat to mankind was the calculable risk of a worst-case outcome to a simple two-player game. Today we face more uncertainty than calculable risk. Such is the result of exchanging a bipolar world for a networked one.

By their very nature, the unknown unknowns are impossible to anticipate. But what of the unknown knowns – the insights that history has to offer, which most people choose to ignore? Asked in late 2011 to name 'the key risks that could derail growth in fast-growth markets over the next three years', nearly a thousand global business executives identified asset-price bubbles, political corruption, inequality of income and failure to tackle inflation as the four biggest.[10] By 2014, these fears may seem misplaced. From an historian's point of view, the real risks in the non-Western world today are of revolution and war. These are precisely the events we should expect under the circumstances described above. Revolutions are caused by a combination of food-price spikes, a youthful population, a rising middle class, a disruptive ideology, a corrupt old regime and a weakening international order. All these conditions are present in the Middle East today – and of course the Islamist revolution is already well under way, albeit under the misleading Western label of the 'Arab Spring'. The thing to worry about is the war that nearly always follows a revolution of such magnitude. For despite the optimistic claim that the long-run trend of human history is away from violence, the statistical incidence of war exhibits no such pattern.[11] Like earthquakes, we know where wars are likely to occur, but we cannot know when they will break out or how big they will be.

Against 'Technoptimism'

Revolution and war are not new threats. In the eighteenth century the disruptive ideology that grew out of the Enlightenment became the basis for two major challenges to the Anglophone empire that then bestrode the globe. In fighting revolution on both sides of the Atlantic, the British state accumulated a very large public debt, mainly as a result of its wars against revolutionary France. By the end of the Napoleonic era, the national debt exceeded 250 per cent of GDP. Yet the subsequent deleveraging – which reduced the debt burden by an order of magnitude to just 25 per cent of GDP – was perhaps the most successful in recorded history. Inflation played no role whatsoever. The British government consistently ran peacetime primary surpluses, thanks to a combination of fiscal discipline and a growth rate higher than the rate of interest. This 'beautiful deleveraging'† was not without its ugly episodes, notably in the mid-1820s and late 1840s, when austerity policies caused social unrest (and failed to alleviate a disastrous famine in Ireland). Nevertheless, the deleveraging process coincided with the key phase of the first Industrial Revolution – the

† The phrase was coined by the American hedge-fund manager Ray Dalio, whose hedge fund Bridgewater has performed exceptionally well during the financial crisis.

railway mania – and the expansion of the British Empire to very nearly its maximum extent. The lesson of history is that a country that achieves technological innovation and profitable geopolitical expansion can grow its way out from under a mountain of debt.[12]

Can the United States emulate this feat? I doubt it. First, the evidence suggests that it is very hard to achieve higher growth under a heavy debt burden. In their study of twenty-six episodes of 'debt overhang' – cases when public debt in advanced countries exceeded 90 per cent of GDP for at least five years – Carmen and Vincent Reinhart and Ken Rogoff show that debt overhangs were associated with lower growth (of 1.2 percentage points of GDP) over protracted periods (lasting an average of twenty-three years), lowering the level of output by nearly a quarter relative to the pre-overhang trend.[13] Significantly, the negative impact on growth was not necessarily the result of higher real interest rates. A crucial point is the non-linear character of the relationship between debt and growth. Because the debt burden lowers growth only when it rises above the 90 per cent of GDP threshold, the habit of running deficits gets well established before it becomes deleterious. This evidence poses a serious problem for those Keynesian economists who believe that the correct response to a reduction in aggregate demand via private sector deleveraging is for the already indebted public sector to borrow even more. It also casts doubt on the validity of the claim that low interest rates on US Treasuries are a market signal that the government can and should issue more debt.[14]

Equally remote is the prospect that a technological breakthrough comparable with the railways could provide the United States with a 'get out of jail' card. The harsh reality is that, from the vantage point of 2012, the next twenty-five years (2013–38) are highly unlikely to see more dramatic changes than science and technology produced in the last twenty-five (1987–2012). For a start, the end of the Cold War and the Asian economic miracle provided one-off, non-repeatable stimuli to the process of innovation in the form of a massive reduction in labour costs and therefore the price of hardware (not to mention all those ex-Soviet PhDs who could finally do something useful). The IT revolution that began in the 1980s was important in terms of its productivity impact inside the US – though even this should not be exaggerated – but we are surely now in the realm of diminishing returns (the symptoms of which are deflation plus underemployment due partly to automation of unskilled work). Likewise, the breakthroughs in medical science we can expect as a result of the successful mapping of the human genome will probably result in further extensions of the average lifespan, but if we make no commensurate advances in neuroscience – if we succeed in protracting the life of the body but not of the mind – the net economic consequences will be negative, because we will simply increase the number of dependent elderly.

My pessimism about the likelihood of a technological

deus ex machina is supported by a simple historical observation. The achievements of the last twenty-five years were not especially impressive compared with what we did in the preceding twenty-five years, 1961–86 (for example, landing men on the moon). And the technological milestones of the twenty-five years before that, 1935–60, were even more remarkable (such as splitting the atom). In the words of Peter Thiel, perhaps the lone sceptic within a hundred miles of Palo Alto, 'We wanted flying cars, instead we got 140 characters.'‡ Travel speeds have declined since the days of Concorde. Green energy is 'unaffordable energy'. And we lack the ambition to 'declare war' on Alzheimer's disease, 'even though nearly a third of America's 85-year-olds suffer from some form of dementia'.[15] Moreover, technological optimists have to explain why the rapid scientific technological progress in those earlier periods coincided with massive conflict between armed ideologies. (Question: Which was the world's most scientifically advanced society in 1932, in terms of Nobel Prize-winners in the sciences? Answer: Germany.) The implications are clear. More and faster information is not good in itself. Knowledge is not always the cure. And network effects are not always positive. There was great technological progress during the 1930s. But it did not end the Depression. That took a world war.

Weary of counter-insurgency warfare and wakening up

‡ The maximum length of a Twitter 'tweet'.

to the fossil-fuel riches made accessible by 'fracking' – which could end its reliance on Middle Eastern oil by 2035 – the United States is rapidly winding up four decades of hegemony in that region. No one knows who or what will fill the vacuum. A nuclear Iran? A neo-Ottoman Turkey? Arab Islamists led by the Muslim Brotherhood? Whoever emerges on top, they are unlikely to get there without bloodshed. Ask anyone who works in the shadowy world of intelligence to list the biggest threats we face, and they will probably include bio-terrorism, cyber war and nuclear proliferation. What these things have in common, of course, is the way modern technology can empower radicalized (or just plain crazy) individuals and groups. It will surely not be long before another unknown known becomes apparent to non-historians: that it is when empires retreat, not when they advance, that violence reaches its peak. And the violence can manifest itself in the imperial heartland too. The 'cliometrician' Peter Turchin argues that 'the next instability peak [of violence] should occur in the United States around 2020'.[16]

You Didn't Build That

Countries arrive at the stationary state, as Adam Smith argued, when their 'laws and institutions' degenerate to the point that elite rent-seeking dominates the economic and political process. I have tried to suggest that this is the case in important parts of the Western world today. Public debt – stated and implicit – has become a way for the older generation to live at the expense of the young and the unborn. Regulation has become dysfunctional to the point of increasing the fragility of the system. Lawyers, who can be revolutionaries in a dynamic society, become parasites in a stationary one. And civil society withers into a mere no man's land between corporate interests and big government. Taken together, these are the things I refer to as the Great Degeneration.

Shortly before I completed this book, the President of the United States gave a speech that neatly illustrated the point:

> If you were successful, somebody along the line gave you some help. There was a great teacher somewhere in your life. Somebody helped to create this unbelievable American system that we have that allowed you to thrive. Somebody invested in roads and bridges. If you've got a business – you didn't build that. Somebody else made that happen. The Internet didn't get invented on its own. Government research created the Internet so that all the companies could make money off the Internet.
>
> . . . There are some things, just like fighting fires, we don't do on our own . . . So we say to ourselves, ever since the founding of this country, you know what, there are

> some things we do better together. That's how we funded the GI Bill. That's how we created the middle class. That's how we built the Golden Gate Bridge or the Hoover Dam. That's how we invented the Internet. That's how we sent a man to the moon.[17]

This surely is the authentic voice of the stationary state: the chief mandarin, addressing distant subjects in the provinces. It is not that the implied interdependence of the private sector and the economy is wrong. It is the overstatement of the case that is disquieting, as if it took government to build every small business or, indeed, to 'create the middle class'. Even more disturbing is the conspicuous absence from the speech of any future project comparable with those cited from the past (the Manhattan Project would have been an even better example, but presumably it is not politically correct). It is bad enough to see state capitalism touted as an economic model by the Chinese Communist Party. But to hear it deployed by the President of the United States as a rhetorical trope devoid of practical content makes this writer, for one, pine for the glad, confident morning of 1989 – when it really seemed the West had won, and a great regeneration had begun.